En pocas palabras

En pocas palabras

Por qué
los mensajes
claros ganan
y cómo
diseñarlos

**Ben
Guttmann**

Traducción de Rubén Alexander
Moreno Gerdel

CONECTA

Papel certificado por el Forest Stewardship Council®

Título original: *Simply Put*

Primera edición: febrero de 2025

© 2023, Ben Guttmann
Publicado de acuerdo con The Foreign Office Agència Literària, S. L.
y Berrett-Koehler Publishers, Inc.
© 2024, Penguin Random House Grupo Editorial, S. A., de C. V.
Blvd. Miguel de Cervantes Saavedra, 301, 1er piso, colonia Granada,
alcaldía Miguel Hidalgo, C. P. 11520 Ciudad de México
© 2025, Penguin Random House Grupo Editorial, S. A. U.
Travessera de Gràcia, 47-49. 08021 Barcelona
© 2024, Rubén Alexander Moreno Gerdel, por la traducción

Printed in Spain – Impreso en España

ISBN: 978-84-18053-50-4
Depósito legal: B-21.320-2024

Compuesto en Promograff - Promo 2016 Distribucions

Impreso en Black Print CPI Ibérica, S. L.
Sant Andreu de la Barca (Barcelona)

CN 5 3 5 0 4

Para Stephania

Índice

Prefacio

¡Por supuesto que me doy cuenta de la ironía! Este es un libro de 192 páginas sobre cómo decir las cosas de manera sencilla, así que da la sensación de que yo no sigo mi propio consejo, ¿verdad?

Todo este asunto empezó cuando estaba tratando de responder una pregunta esencial que me ha dado vueltas durante toda mi carrera; preguntas que mis clientes me planteaban cuando dirigía mi agencia de marketing o que mis alumnos me hacían mientras les enseñaba los gajes del oficio.

«¿Por qué algunos mensajes son efectivos y otros no?».

La pregunta es sencilla. Y resulta que la respuesta es, literalmente, *sencilla* también. Esta primicia no es especialmente reveladora. Si lo que quieres saber es la respuesta clave, es obvia: los mensajes sencillos son más efectivos que los complicados. Si esa idea te parece suficiente, espero haber captado tu atención antes de que te distraigas y, de este modo, haberte hecho ahorrar unos cuantos euros.

Pero me percaté de algo curioso mientras investigaba la sencillez. Resulta que lo sencillo no es tan sencillo y, sin duda, no es fácil. Podemos entender, en un instante, qué es efectivo con solo usar el sentido común, pero una cosa es tener conciencia sobre *por qué* las cosas son efectivas, y otra cosa completamente diferente es saber *cómo* crear tales mensajes efectivos.

Contamos con la ciencia y con la historia. Tenemos lecciones de los líderes más influyentes y de las empresas más innovadoras del mundo. Hay recursos de los que podemos valernos para aprovechar el poder de una sencillez que nos permita conectarnos y comunicarnos.

Y aquí estamos, a fin de cuentas, frente a todo un libro sobre la sencillez. Comencemos.

Introducción
¿Por qué simplificar?

> La perfección se alcanza, no cuando no hay nada más que añadir, sino cuando no queda nada que quitar.
>
> ANTOINE DE SAINT-EXUPÉRY

Piensa en los mensajes más poderosos que hayas escuchado. Imagina el consejo más transformador que te haya enseñado un maestro, la llamada a la acción más conmovedora en un discurso de campaña o el eslogan más memorable que haya aparecido en un anuncio.

A todos nos han dicho que «no se debe juzgar a un libro por su portada», que «no debemos contar los pollos antes de que nazcan» y que «Roma no se construyó en un día». En lo personal, mi frase favorita, cargada de una sabiduría imprescindible, es el recordatorio: «Todos los consejos son autobiográficos».

Pero tal vez lo que viene a tu mente sea algo político, como el revolucionario «Dame la libertad o dame la muerte», de Patrick Henry; o el más reciente «Sí, podemos», de Barack Obama. O es posible que recuerdes, de los escaparates del gran marketing, el «Think Different» («Piensa diferente»), de Apple; o el «Just Do It» («Solo hazlo»), de Nike.

Dedica un momento a reflexionar sobre otros miles de mensajes que has oído en las últimas veinticuatro horas, como anuncios, advertencias, instrucciones o incluso situaciones para las que buscaste información, como artículos, publicaciones en redes sociales o historias. ¿Cuántos de ellos recuerdas? ¿Cuánto de lo que dices lo recuerdan los demás? ¿Crees que ellos realmente escuchan lo que estás diciendo?

Más allá de si estos mensajes están tratando de atraer tu dinero, votos o simplemente tus pensamientos, los mensajes más efectivos tienen un rasgo en común: son sencillos.

Las ideas sencillas son pegajosas. Los mensajes sencillos triunfan.

Vivimos en un mundo de gran complejidad, con innumerables dispositivos y aplicaciones zumbando, sonando y exigiendo nuestra atención cada hora en la que estamos despiertos (y hasta, incluso, en algunas horas que deberían ser de descanso). Y, aunque sabemos esto, como receptores también sabemos que los mensajes claros funcionan, pero nos cuesta demasiado ser sencillos cuando somos los que nos estamos expresando. Tan solo haz memoria, ¿cuántas diapositivas con puntos clave había en tu última presentación? ¿Cuántos acrónimos mencionaste en la última reunión con tus clientes?

Es doloroso cuando queremos decir algo y no logramos comunicarnos. Por ejemplo, se sabe que los problemas de comunicación son el factor más común en el divorcio. Los empleados que se sienten ignorados en el trabajo están menos satisfechos y son menos productivos. Los votantes se quejan rutinariamente de que los políticos ignoran sus opiniones, y los clientes se enfurecen con las empresas que se niegan a escucharlos. Y todo esto sin siquiera tener en cuenta los miles de millones de dólares que las empresas gastan cada año en publicidad que fracasa.

Este libro está dirigido, por lo tanto, a cualquiera que tenga algo que decir y que esté luchando por ser escuchado. Es para todos aquellos emprendedores y ejecutivos que tienen algún producto que vender, para líderes visionarios que quieren cambiar sus entornos y comunidades, y para los narradores de todo tipo que tienen algo que desean compartir con el mundo. Juntos examinaremos por qué los mensajes claros y directos tienen éxito, y cómo podemos mejorar la ardua y compleja labor de generar contenidos sencillos.

¿Por qué lo «sencillo» triunfa?

Durante los últimos diez años me he esforzado en construir y dirigir una agencia de marketing. Además, durante casi el mismo tiempo, he estado dando clases de marketing en mi *alma mater*, Baruch College. En resumen, en todos estos años he estado obsesionado tratando de averiguar por qué hacemos las cosas que hacemos y cómo podemos ser más eficientes para abrirnos paso entre todo el ruido cotidiano, para contarle al mundo nuestras historias. He trabajado con algunas de las mejores marcas y algunos de los científicos, ejecutivos y escritores más influyentes del mundo. He entrevistado a cientos de usuarios y clientes, y he hablado con docenas de las mentes más exitosas que se dedican al marketing en la actualidad. En donde quiera que he estado, he tratado de encontrar la receta secreta que separa los mensajes que funcionan de aquellos que no.

Sin embargo, para ser honesto, el hecho de encontrarme en esta búsqueda ha sido un tanto vergonzoso. Los clientes nos contrataban para grandes proyectos y los estudiantes me contactaban en busca de algún tipo de sabiduría profesional, pero la realidad era que no comprendía el sentido esencial de esta pregunta. Y cuando preguntaba a otros profesionales al respecto, descubría que no era el único sin comprenderla.

La pregunta «¿Por qué algunos mensajes funcionan y otros no?» se me quedó grabada lo suficiente como para desmenuzarla capa por capa y escribir un libro entero sobre la respuesta. Se trata de una pregunta que define gran parte de nuestra vida personal y profesional.

Una afirmación sencilla como «Mil canciones en tu bolsillo» ayudó a Apple a revolucionar la industria de la música con el iPod. Pero si nos fijamos en el estante de liquidación, notaremos que está lleno de productos cuyos mensajes de promoción no pudieron conectar con los clientes de la misma manera.

Los mensajes sin tanta palabrería ayudaron tanto a Donald Trump como a Alexandria Ocasio-Cortez a llegar a la cúspide de la influencia en la política estadounidense. Pero muchos otros de los candidatos no han conmovido a los votantes de la misma manera.

La contundente campaña antitabaco «Truth» («Verdad») ayudó a reducir el consumo de tabaco entre los adolescentes, salvando miles de vidas y ahorrando montones de dinero en costes de salud pública. Pero muchas otras campañas bien intencionadas no han logrado cambiar el comportamiento de las personas de igual modo.

Todos los mensajes exitosos tienen alguna cosa en común. Y esto es algo que todos podemos aprender.

Ya sea que estés buscando mover millones de euros en productos o una mejor forma de transmitir tus ideas en el trabajo o en tu vida personal, aprovechar el poder de los mensajes sencillos puede ayudarte a llegar a donde quieras. Es por ello por lo que, al comenzar este viaje, primero revisaremos la asombrosa historia y la ciencia de esta idea poderosa.

Examinaremos las reveladoras limitaciones de nuestra atención, memoria y cognición, y cómo nuestro cerebro quisquilloso de *Homo sapiens* nos ha fallado en un mundo cada vez más ajetreado y exigente. Nos gusta pensar que somos muy inteligentes, pero, en el fondo, no nos damos cuenta de una gran parte del mundo que nos rodea, no solemos recordar mucho de lo que percibimos y, a menudo, ni siquiera conocemos las cosas que creemos saber. Libres en una sociedad de conectividad constante y desplazamientos infinitos, donde nuestra atención se vende regularmente al mejor postor, podemos visualizar fácilmente cómo y por qué la mayoría de los mensajes no llegan a ser escuchados.

Más adelante veremos por qué aprovechar la sencillez nos ayuda a superar estos obstáculos. Aprenderemos lo que los mejores comunicadores del mundo han sabido durante miles de años y veremos cómo los consumidores de hoy pagan más por lo más sencillo. Es probable que hayas escuchado la siguiente idea antes. Hace siete siglos, el fraile franciscano Guillermo de Ockham argumentó, a grandes rasgos, que la teoría más sencilla suele ser la respuesta correcta, principio que después pasó a ser conocido como «la navaja de Ockham». En los últimos años, y cada vez más, muchos hemos adoptado conceptos del tipo «menos es más», como lo hizo el minimalismo, a medida que buscamos refugio de un mundo cada vez más y más ruidoso.

Pero ¿qué queremos decir exactamente con «sencillo»? Aquí está la definición que utilizaremos:

Sencillo: cuando un mensaje se percibe fácilmente, se comprende y se reacciona en consecuencia.

¿Qué hace que algo sea fácil de percibir y comprender para reaccionar en consecuencia? Estos sencillos mensajes tienen cinco atributos: útiles, enfocados, destacados, empáticos y minimalistas. A lo largo de este libro exploraremos cada uno de estos principios y veremos cómo podemos ponerlos en práctica.

Por último, después de entender la batalla que estamos librando, aprenderemos por qué la perdemos tan a menudo. Conoceremos a nuestro terrible enemigo: lo complicado.

A menudo, podemos hacer afirmaciones prejuiciosas, refugiarnos en la complejidad y temerle a los grandes cambios. Lo complicado es atractivo porque no requiere hacer un sacrificio ni tomar decisiones difíciles. Pero, como veremos en los desastres grandes y pequeños, cuando nos acobardamos en el camino de menor resistencia y no logramos comunicarnos con claridad, podemos pagar un precio devastador.

Cómo hacerlo sencillo

Ahora que conocemos los desafíos a los que nos enfrentamos para transmitir nuestro punto de vista y lo vital que es la simplicidad en nuestra misión de conectarnos, vamos a disipar la mística y mostrar cómo cualquiera puede usar esta poderosa idea en su propio trabajo y en su vida. En la segunda mitad de este libro, sacaremos el kit de herramientas compuesto por cinco partes para desarrollar mensajes sencillos, lo que te permitirá abrirte paso y convertirte en un líder y comunicador de clase mundial.

En primer lugar, analizaremos el poder de orientar nuestro lenguaje para resaltar los beneficios en vez de las características, proporcionando un modelo respaldado por investigaciones que puede ayudar a cualquiera a estructurar mejor su comunicación (y que las marcas y líderes más influyentes ya utilizan).

Ahondaremos en el desarrollo de los enfoques personales y colectivos, derrotando la temida «idea Frankenstein», mientras nos movemos a través de la arriesgada política de «lo mínimo»: lo sencillo es complicado y, por ello, llegar a lo sencillo requiere más valor.

También aprenderemos algunas técnicas no tan secretas que nos ayuden a hacer que nuestro mensaje sea más claro, aceptando nuestras limitaciones para destacar entre la multitud.

Usaremos la empatía y la investigación para ayudarnos a quitar los obstáculos en nuestro propio camino, detonando nuestros prejuicios, para conectar con nuestra audiencia donde quiera que esta se encuentre.

Eliminaremos con urgencia los contenidos basura, centrándonos en el mejor mensaje, dejando fuera las distracciones.

Al final de este libro, serás capaz de abrirte camino a través de banalidades y jergas complicadas que solo se usan de manera superflua y como relleno. En fin, iremos directo al grano y haremos que tus ideas sean escuchadas.

Emisores y receptores

En este libro vamos a aclarar apropiadamente la forma en la que acostumbramos a identificar las dos partes que conforman la estructura de la comunicación:

- Los emisores son los que generan el mensaje. Los emisores pueden ser los anunciantes, los ejecutivos, los políticos, los líderes religiosos, los padres de familia, los educadores, los abogados, los portavoces o cualquier persona que necesite comunicar algo.

- Los receptores son aquellos destinatarios que decodifican el mensaje. Por ejemplo, los clientes, los votantes, los contribuyentes, los internautas, los ciudadanos, los legisladores, las parejas o cualquier otra persona con la que queramos interactuar.

Todos somos tanto emisores como receptores, a menudo, al mismo tiempo. De hecho, somos receptores mucho más a menudo que emisores. Incluso los más grandes parlanchines que hay entre nosotros todavía escuchan más de lo que hablan.

Pero este libro trata sobre cómo ser un mejor emisor. Los emisores son los que tienen una misión y son los que deben hacer un buen trabajo para asegurarse de que su comunicación funcione. Ser un buen emisor es difícil, es estresante, agotador, y, con frecuencia, no todos llegamos a ser muy buenos en eso. Es ahí donde necesitamos ayuda.

En el libro, el otro concepto que usaremos repetidamente es el término «mensaje» para englobar cualquier contenido que deba enviar un emisor a un receptor, como se muestra en la figura I.1. Los mensajes son ideas y conceptos. La mayoría de las veces, están formados por palabras, pero es mejor pensar que están representados por palabras, imágenes y muchos otros elementos más allá de las palabras en sí mismas. Los mensajes pueden ser anuncios, convocatorias para reunirse, memorandos, advertencias, clases, historias o cualquier otra cosa que queramos comunicar.

Vamos a hablar mucho de palabras porque esa es la manera de traer las ideas vagas a nuestra realidad. Pero ten en cuenta que esto no es un manual de redacción o una guía de estilo. Más bien se trata de introducir esa idea vaga de tu mente para darle forma de un mensaje que vaya del emisor al receptor.

Cuando tu mensaje es demasiado grande y saturado, se le hace difícil salir de tu mente. Se atasca.

Emisor　　　　**Mensaje**　　　　**Receptor**

Figura I.1. La relación entre los emisores, el mensaje y los receptores

Cuando tu mensaje no está bien estructurado y, sin embargo, lo dejas fluir, se recibe, pero sin que el receptor lo entienda. Se le escurre entre los dedos.

Cuando tu mensaje es confuso y nublado, llega, pero sin acomodarse. Se hace a un lado y se queda apilado en un cúmulo de desorden.

Vamos a llamar a todas esas dificultades *nuestros pecados*. Las ideas complicadas no funcionan. Solo cuando simplificas tu mensaje, se difunde, se retiene y es útil.

Dos secretos antes de empezar

Si bien es cierto que hablo desde mi experiencia en el marketing, y, además, muchos de los emisores más prolíficos son aquellos que invierten miles de euros en publicidad, la realidad es que este libro no está dirigido solo a especialistas en marketing, ya que es, al mismo tiempo, un libro para afinar ideas clave y una guía para cualquiera que tenga la necesidad de comunicar algo a los demás.

Sea como sea, da la casualidad de que nuestra industria es a la que la mayoría de la gente recurre cuando necesita encargar la creación de contenidos. Esto es lo que hacemos los especialistas del marketing: le damos al mundo la idea que queremos dar a conocer, y si somos buenos en eso, esperamos que la gente reaccione como queremos.

Hoy en día, todos sabemos, de una forma u otra, algo de marketing. Vamos por la vida intentando convencer a nuestros colegas de que crean en nuestras grandes ideas, motivar a nuestros hijos a que hagan sus tareas o convencer a nuestros amigos para que hagan donaciones en nuestras recaudaciones de fondos. Así que, dado que ya eres parte del equipo, creo que sería bueno compartir contigo un par de secretos comerciales antes de continuar con este libro.

Lo primero no es una situación con la que te vayas a encontrar, frecuentemente, en muchas presentaciones de agencias de publicidad o libros académicos, pero esta verdad es tan elemental que toda la industria del marketing no existiría si no fuera así. Es esta: a nadie le importa.

A nadie le importa lo que estás tratando de decirles, y, especialmente, a nadie le importa lo que estás tratando de venderles. Nadie quiere ver tu anuncio o visitar tu sitio web. Casi todos los anuncios que alguien ha visto ha sido en contra de su voluntad. Toda la industria es una batalla cuesta arriba contra la apatía y el desinterés.

Para ayudar a ilustrar por qué se da tal situación, siempre me ha encantado la hermosa palabra que viralmente se abre camino en internet cada tantos meses: *sonder*. De buenas a primeras, podría parecer alemán (tienen una palabra para todo), pero en realidad es un neologismo acuñado por el bloguero John Koenig en su sitio de Tumblr The Dictionary of Obscure Sorrows.[1] He aquí su definición original:

Sonder

n. la comprensión de que cada transeúnte al azar está viviendo una vida tan vívida y compleja como la tuya, poblada de sus propias ambiciones, amigos, rutinas, preocupaciones y locuras heredadas, una historia épica que continúa invisiblemente a tu alrededor como un hormiguero que se extiende en las profundidades del subsuelo, con elaborados pasadizos hacia miles de otras vidas que nunca sabrás que existieron, en la que puedes aparecer solo una vez, como un extra tomando café en el fondo, como la estela de un coche que pasa por la carretera, como una ventana iluminada al anochecer.

Esta idea, de que cada luz en el horizonte de la ciudad o cada automóvil que pasa por la autopista representa una vida completa y plena, es un concepto delicado e inspirador que nos ayuda a comprender la tarea que tenemos entre manos. En este contexto, somos los protagonistas de la historia. Por lo tanto, todo el mundo debería estar atento a lo que yo, el protagonista, tengo que decir. Entonces, cuando estoy entusiasmado de haber presentado mi nuevo producto, ¡todos los demás también deberían estarlo!

Pero cuando nos damos cuenta de que todos los demás están centrados en su propia historia rica y vívida es el momento en el que dejas de ser el protagonista y te conviertes en ese rostro intermitente e invertido que se encuentra en el tren que pasa: he ahí cuando comenzamos a percatarnos del desafío. Así, todas las personas con las que necesitas hablar están ocupadas y hoy se han despertado tranquilamente sin tu producto o mensaje. Les preocupa la molesta gotera en su techo, trabajan para cumplir con sus compromisos o, tal vez, sueñan despiertos con sus vacaciones en la playa de la próxima semana. El valioso tiempo y la atención que tienen para brindarte consiste solo en una ventana pequeña, si es que tienes la suerte de recibir un poco de su atención. La gente está atenta a muchas cosas todo el tiempo, pero nadie está esperando a que tú llegues con un mensaje.

Esta realidad es, después de todo, la razón por la que lo sencillo es tan importante. Al igual que una lanza afilada atraviesa una armadura, necesitamos un mensaje afilado para atravesar una densa niebla y llegar a ser escuchados.

El segundo secreto de la industria se relaciona con el funcionamiento del negocio del marketing en sí. Aunque todo el mecanismo que utilizamos para que nuestro trabajo parezca profesional, técnico o incluso científico, lo cierto es que todo el acto del marketing se reduce a dos cosas: lo que dices y cómo lo dices.

Se ha invertido mucha tinta, tiempo al aire y píxeles en el aspecto del «cómo lo dices» y de hacer que todos estos elementos funcionen al mismo tiempo. Esta mitad de la ecuación incluye los anuncios de televisión y de los periódicos en el lado más tradicional, así como las publicaciones de Instagram y las búsquedas de Google en el lado digital más contemporáneo. La mayoría de las personas en este negocio pone énfasis en este aspecto. Y aunque este trabajo es esencial y, a menudo, exigente, solo es la mitad de lo que tenemos que hacer para comercializar con éxito. Todo esto es apenas un recipiente para nuestra comunicación.

Pero este libro no trata solo ese aspecto. Especialmente en el entorno actual, la manera en la que ideamos esas piezas tácticas de marketing es demasiado cambiante, por lo que es mejor que aprendas a cómo utilizarlas a través de YouTube o Reddit, y estando atento a las últimas tendencias. Y (para ser honesto) aprender el funcionamiento de estas herramientas no es tan difícil si eres consecuente.

En cambio, este libro aborda la primera parte difícil y engañosa de la ecuación: cómo llenamos ese recipiente. Este libro pretende ayudarnos a ser conscientes de lo que decimos, y hacer esto de manera efectiva nos permitirá comunicar con precisión, independientemente de si alguna vez hemos puesto un pie en una agencia de publicidad.

Esta habilidad es importante hoy más que nunca. En primer lugar, porque estamos obligados a hacer frente a la avalancha de publicidad de la que hablábamos anteriormente. Al tener en cuenta, por ejemplo, las más de trece horas que el adulto estadounidense promedio pasa consumiendo algún tipo de medio de comunicación cada día, podemos detallar los miles de anuncios que compiten por su atención.[2] En este panorama, destacar entre tanto ruido y hacerse notar es más difícil que nunca.

Pero existe otra tendencia que mantiene en alerta a la industria del marketing y la tecnología, la cual marca un cambio de época en el modo en que funciona el internet. Durante los últimos veinte años, más o menos, el medio que ha sido más efectivo en la difusión del mensaje ha sido cierta forma de marketing en línea según el *target* publicitario. Todos hemos visto estos anuncios y todos hemos hecho clic en ellos (y lo sé, solía crearlos). Por un lado, están los que son bastante sencillos: por ejemplo, si te gusta el senderismo, en Facebook verás anuncios que intentan venderte unas botas. Pero también, todos hemos sido sometidos a lo que denominan anuncios de *remarketing* o *retargeting*, en los que es posible que hayas visitado un sitio web viendo un par de botas particulares, y luego los anuncios de esas botas te hostigarán durante algunas semanas. La razón por la que estás asintiendo con la cabeza en reconocimiento de ambos tipos de anuncios publicitarios es que son increíblemente efectivos, y debido a eso, Facebook y similares han ganado miles de millones de dólares mostrándotelos.

Este tipo de anuncios requieren un tipo de monitoreo digital, que a menudo se presenta en forma de un pequeño archivo conocido como *cookie*, que identifica tus intereses cada vez que visitas un sitio web. Pero he aquí el problema: el rastreo está sucumbiendo. Apple, Google y Mozilla han tomado medidas en los últimos años para limitar drásticamente la capacidad de las plataformas publicitarias para rastrearte a escondidas mientras te mueves por internet, y estamos empezando a ver los resultados. Después de que se publicaron las primeras cifras que revelan el efecto de estos cambios, las acciones de Meta, la empresa matriz de Facebook, se desplomaron más del 20 % en un solo día. La era de aturdirte con anuncios hasta que haces clic a regañadientes en el botón «Comprar» ha terminado.

Esa herramienta era un soporte y ahora está desapareciendo. El tipo de marketing contundente que la gente como yo solía llevar a cabo durante la última década no funcionará en la próxima. La razón por la que escribo este libro hoy es para prepararnos a todos para ese futuro, al margen de si alguna vez has publicado un anuncio.

En la próxima era, en la que los profesionales del marketing no podrán simplemente valerse de un atajo hacia el éxito forzando la hipersegmentación, los profesionales de la persuasión y la comunicación deberán retomar los fundamentos que conforman un buen mensaje. Las tecnologías cambian, pero los humanos no. La receta de la comunicación efectiva es la misma que ha sido desde que comenzamos a escribir en estelas de piedra hace cinco mil años. De eso trata este libro: de por qué los mensajes sencillos triunfan y de cómo podemos mejorarlos. Los modelos antiguos son obsoletos, pero como veremos más adelante, no son lo único que no funciona.

PRIMERA PARTE

¿Por qué lo sencillo triunfa?

1

Nuestro estúpido cerebro en nuestro mundo convulsionado

> Poner atención, esta es nuestra labor interminable y adecuada.
>
> MARY OLIVER

¿Cómo te atas los cordones?

Probablemente te hayas atado los cordones decenas de miles de veces desde que aprendiste a hacerlo por primera vez en el cole. Ese acto es para ti automático. Pero ¿podrías explicar este proceso a otra persona?

¿Cómo funciona la descarga de agua de un retrete?

Quizá hayas tirado de la cisterna de un váter cientos de miles de veces en tu vida. Esta mecánica es bastante sencilla, solo es un contenedor de porcelana, una palanca y algunas piezas móviles en su interior. No tiene instalados cables ni chips. Pero ¿puedes explicar qué ocurre cuando tiras de esa palanca?

¿Qué comiste hace dos martes?

Te encontrabas allí, y no fue hace mucho tiempo. Entraste al restaurante y pediste después de revisar el menú o dejaste tu comida sobre el mármol de la cocina esa mañana. Le diste un bocado, con suerte la disfrutaste y tiraste las sobras después. Pero ¿recuerdas exactamente qué era?

Estas preguntas no son difíciles de responder o al menos no deberían serlo. Pero todos luchamos contra ellas. Nos cuesta recordar la mayoría de las cosas que pasan deprisa, no sabemos tanto como creemos saber y nos cuesta comunicar incluso las cosas en las que, se supone, tenemos más experiencia. Nuestra mente no es un ordenador preciso que registra y procesa todo a la perfección; es una máquina de carne y hueso, y profundamente imperfecta.

A pesar de estas limitaciones, nos las arreglamos bastante bien la mayoría del tiempo. Nos atamos los cordones, tiramos de la cisterna del retrete y comemos sin problemas casi todos los días de la semana. Somos buenos, habilidosos usuarios del mundo que nos rodea. Sin embargo, tenemos problemas cuando estamos al otro lado: cuando nos convertimos en alguien que necesita comunicar algo, construirlo o compartirlo. Es aquí cuando todo se complica.

La mayoría de nuestras interacciones se basan en una idea esencial: somos actores inteligentes, comprensivos y racionales que ponen atención y entienden lo que otras personas están diciendo, en todos los sentidos y en todo momento. Pero debido a nuestra naturaleza y al mundo que hemos construido a nuestro alrededor, esto simplemente no es así.

Este es el problema y la razón por la cual muchos de nuestros mensajes no logran ser recibidos. Para decirlo sin rodeos, somos estúpidos y estamos ocupados.

El problema con nosotros

La hermosa verdad es que somos seres imperfectos. Las historias no resultan interesantes si no existe un conflicto, lo dulce no sabe tan bien sin lo salado, y la vida sería tan estresante como aburrida si nuestro cerebro funcionara a la perfección todo el tiempo.

Sabemos esto porque existe un grupo de personas en el mundo que se da cuenta y recuerda mucho de todo lo que ha vivido. Es una condición poco común conocida como hipertimesia, la cual permite a dichos individuos recordar su vida, como si de una película se tratara, e imaginar a las personas, lugares y cosas que componen su autobiografía de la misma manera en la que tú y yo podríamos desplazarnos a través de una galería de fotos. Aunque su memoria no es perfecta, está muy cerca de serlo. Vivir con esta condición significa rememorar los cumpleaños, bodas, rupturas y funerales con un gran nivel de detalle. Una persona con esta condición la describe como «constante, incontrolable y totalmente agotadora».[1] Circunstancias que no son ideales.

Solemos ignorar y olvidar porque esto nos ayuda a sobrellevar nuestra vida. Pero cuando estamos frente a un mensaje que no queremos ignorar u olvidar es como una especie de programación biológica que se podría llegar a sentir como un obstáculo infranqueable. Para comprender de lo que estamos hablando, hagamos un recorrido a través de algunos de los puntos problemáticos más importantes.

No tenemos conciencia de la mayoría de las cosas

En un pasillo color beis, monótono y sin gracia, siete estudiantes comienzan a moverse en un patrón circular particular. La mitad de ellos viste camisetas blancas, y los otros, camisetas negras. Cada color distingue a un equipo, los cuales, sonriendo, se pasan el balón entre ellos mientras realizan la demostración frente a un conjunto de puertas de ascensor cerradas.

A los pocos segundos de haber comenzado, un actor disfrazado de gorila camina a través del grupo, se detiene frente a la cámara y se golpea el pecho; luego se dirige hacia la otra dirección. Los estudiantes continúan pasándose el balón.

Es extraño, ¿verdad? Lo que debería haberles llamado la atención no lo hizo. Cuando los investigadores que diseñaron esta prueba les mostraron la escena a los participantes, pidiéndoles, antes de reproducir el vídeo, que contaran cuántos pases había hecho el equipo blanco, solo el 42 % de los espectadores vieron al gorila.

Increíblemente, la mayoría de los espectadores contaron los quince pases que había realizado el equipo y no vieron nada fuera de lo común.

Este reconocido estudio de los psicólogos Daniel Simons y Christopher Chabris ilustra el desconcertante fenómeno de la ceguera por falta de atención, en el cual se observa que es posible no ver algo que está a plena vista.[2] Cuando estamos demasiado ocupados con el entorno, distraídos con alguna tarea o con otro estímulo que nos ocupa, solemos perder de vista las cosas que están justo enfrente de nosotros (incluso aunque se trate de un gorila de ochocientos kilos).

No hay nada especial en ese traje de gorila o en la pelota de baloncesto. Esta «ceguera» ocurre todo el tiempo.

Como cuando estamos absortos en una conversación mientras conducimos y podríamos no llegar a darnos cuenta del coche que «apareció de la nada». Cuando estamos tan «enganchados» en algún nivel particular de un videojuego y no nos percatamos que nuestra mujer ha entrado a la habitación preguntando sobre qué vamos a cenar. O cuando estamos concentrados trabajando, con una fecha límite de entrega encima, en la sala de espera del aeropuerto, no escucharemos la última llamada que anuncia la partida de nuestro vuelo.

Sin embargo, nada está mal con nuestros ojos o nuestros oídos. Nuestras retinas fieles asimilan todo y transmiten las sensaciones a través de nuestro nervio óptico a la corteza cerebral. Nuestros tímpanos vibran y envían pulsiones eléctricas a nuestro nervio auditivo. Pero, a menudo, algo falla al registrarse en nuestra consciencia. En su lugar, nuestro cerebro toma un atajo y llena de espacios en blanco lo que se esperaría tener allí y continúa con cualquier cosa que está haciendo.

De manera subconsciente descartamos los detalles innecesarios, lo que ha significado una ventaja en nuestra evolución como especie. Imagina qué cansado sería estar consciente y considerar cada mínimo detalle de las cosas que se presentan ante nosotros. Si nuestros ancestros se hubieran sentado en círculo, reflexionando y revisando cada brote de hierba, rápidamente se habrían convertido en la comida de un hambriento depredador al acecho detrás de un árbol. Pero, como te dirá cualquier mercadólogo que haya agotado su presupuesto publicitario, con tasas mínimas de clics casi inexistentes, esta propensión a los filtros es perjudicial si estás tratando de llamar la atención de alguien.

El psicólogo Simons, quien desarrolló el mencionado estudio del gorila, más tarde apuntaría:

> Una conclusión sobre cómo funciona nuestra ceguera por falta de atención es que vemos mucho menos de lo que pensamos ver de nuestro mundo. Sentimos que captamos todos los detalles de las cosas que ocurren a nuestro alrededor. Pero apuesto a que la mayoría del tiempo la gente se enfoca en una sola cosa a la vez.[3]

Se estima que captamos once millones de bits de información por segundo a través de nuestros sentidos, pero conscientemente nuestro cerebro solo tiene la capacidad de procesar alrededor del 0,0004 % de la misma.[4] Mucho antes de medir la información en bits, un psicólogo precursor del siglo XIX, llamado William James, escribió,

> Millones de cosas se encuentran alrededor de nuestra percepción y se presentan ante mis sentidos sin nunca adentrarse a mi experiencia. ¿Por qué? Porque nada de esto tiene *interés* para mí. Mi experiencia es aquello a lo que yo acuerdo poner atención. Solo los elementos que percibo toman forma en mi mente; sin este interés selectivo, interiorizar la experiencia sería un caos total.[5]

Nuestra atención es preciosa y limitada, de tal manera que preferimos enfocarla en aquello que nos interesa. Percibimos que la información que es cercana a nuestros objetivos nos ayuda a sobrevivir y a prosperar, pero para lograr eso, de forma subconsciente filtramos los aspectos que no nos interesan tanto. Y, en consecuencia, esto significa no tener en cuenta la mayoría de los mensajes que nos bombardean en un momento dado.

No recordamos la mayoría de las cosas

Un viernes del mes de diciembre de 2010, a altas horas de la noche, un joven frenético llamado Aaron Scheerhoorn se presentó en la puerta de un club nocturno de Houston.[6] El joven se abrió la camisa y reveló a los porteros una herida profusa y ensangrentada, y suplicó urgentemente entrar al club por seguridad. A pesar de sus ruegos, los porteros nunca lo dejaron pasar y en cuanto se apartó de la entrada un hombre corpulento lo alcanzó y volvió a apuñalarlo. Aunque intentó huir a través de un aparcamiento cercano, Scheerhoorn ya había sido herido en muchas más ocasiones por su atacante, a quien los transeúntes vieron levantarse y alejarse caminando tranquilamente. Más tarde esa noche, Aaron Scheerhoorn fue declarado muerto en un hospital cercano.

En el transcurso de los terribles sucesos, ocho personas fueron testigos del ataque. Al día siguiente, uno de ellos reportó que había visto a un hombre parecido al asesino. La policía rastreó el nombre del sospechoso a través de su automóvil: era Lydell Grant.

Los detectives compartieron fotos de Grant con otros testigos. Dos de los porteros dijeron que era él. Dos de los clientes dijeron que había sido él. El transeúnte del aparcamiento dijo que era él. En total, seis de los ocho testigos identificaron de inmediato a Grant como el atacante que habían visto esa noche. La policía ya tenía a su hombre.

Algunos días después Grant es detenido, arrestado y acusado por los cargos de asesinato en primer grado. La policía encontró algunas otras evidencias vagas: pasamontañas, un cuchillo en el maletero de su camioneta, además del rastro de un ADN indeterminado de un hombre, extraído del raspado de debajo de sus uñas. Pero los seis testigos era todo lo que la fiscalía necesitaba para sustentar el caso. Dos años después, el 6 de diciembre de 2012, Grant fue encontrado culpable y fue sentenciado a cadena perpetua en la cárcel.

No obstante, se demostró que Lydell Grant no había matado a Aaron Scheerhoorn.

Con la fuerte evidencia del ADN, y con la ayuda del Proyecto Inocencia de Texas, Grant fue liberado en 2019 y su condena fue formalmente anulada. El verdadero asesino, Jermarico Carter, lo confesó después de su arresto. La falsa condena que mantuvo a Grant preso durante casi una década se basó en la memoria defectuosa de los seis testigos.

Tristemente, este caso no es una rara excepción. Ronald Cotton fue falsamente acusado por violación y sentenciado a cadena perpetua en 1985 a partir de un testimonio presencial erróneo, únicamente para ser exonerado de sus cargos a partir de la evidencia de ADN que se presentó en 1995. Ryan Matthews pasó cinco años en espera de la ejecución de su sentencia por un crimen que no había cometido, después de que los testigos lo habían identificado falsamente en 1999. De acuerdo con el Proyecto Inocencia, el 69 % de las exoneraciones por ADN en Estados Unidos involucran identificaciones erróneas por parte de los testigos presenciales, y el 32 % de estos involucran confusiones por distintos testigos.[7]

Incluso cuando nuestra vida está en juego, nos cuesta trabajo recordar qué vimos, qué oímos o qué ocurrió.

En nuestro cerebro tenemos cuatro formas de memoria: sensorial, a corto plazo, de trabajo y a largo plazo.[8] La memoria sensorial es la primera, guarda información de forma extremadamente breve y es la que viene directamente de nuestros sentidos. Es, en esencia, la puerta guardiana que filtra y selecciona cada cosa que nos rodea y que sustenta nuestra conciencia. Todos los estímulos del mundo alrededor de nosotros pasan por esta estación de memoria en menos de un segundo. Este tipo de memoria es a la que ya nos habíamos referido anteriormente.

Si la información logra atravesar este filtro de atención, llega a nuestra memoria a corto plazo. En esta conservamos lo prioritario, lo que necesitamos tener presente mientras pensamos y hacemos cosas en el mundo que nos rodea, como la última oración que leíste o el último número de teléfono que marcaste.

En superposición con nuestra memoria a corto plazo se encuentra nuestra memoria de trabajo. En esta tenemos acceso, mantenemos y manipulamos información para planificar y sustentar nuestro comportamiento. La memoria de trabajo es la manera en la que ponemos a funcionar nuestra memoria a corto plazo, como si siguiéramos las instrucciones de una receta, los pasos para resolver un problema matemático o participar en un debate.

Estos tres tipos de memoria también son una pequeña y mínima parte de almacenamiento total.

En un reconocido estudio de 1956, el psicólogo de Harvard George Miller descubrió un límite constante en la memoria a corto plazo.[9] No importa si la gente está tratando de recordar números, sonidos, letras o palabras, en todos los aspectos que el estudioso examinó, encontró que la memoria a corto plazo tenía un límite, tal como refiere el título del estudio «El mágico número siete, más o menos dos». De acuerdo con Miller, solo podemos conservar, de modo fiable, alrededor de siete «trozos» de información en nuestra mente a la vez.

Estudios posteriores redujeron esta estimación de siete fragmentos de información a cuatro. Y, por su parte, otros estudios subsecuentes demostraron que la capacidad de la memoria a corto plazo está mejor representada en términos de tiempo: habitualmente podemos recordar todo aquello que podamos verbalizar en un periodo aproximado de dos segundos.[10] En cualquiera de los casos en que lo analicemos, esta capacidad es muy restringida. A corto plazo, nuestra atención y capacidad de retener la información están mucho más limitadas de lo que nos gustaría creer.

En este punto, enfrentamos otro problema: nuestra memoria se deteriora rápido. A menos que nos esforcemos en preservar su vida útil, la nueva información que recibimos desaparece en unos quince o treinta segundos. Esta es la razón de que no puedas recordar fácilmente el diálogo exacto que un personaje dijo algunas cuantas escenas atrás mientras estás viendo una película o lo que había en el menú del restaurante para cuando llega tu comida. Nuestro cerebro procesa la información, suele utilizarla y después la deja de lado, puesto que ya ha cumplido con su propósito. Algunas otras cosas llegan a nuestro almacenamiento de memoria a largo plazo, pero la gran mayoría de la información, no. Olvidar, por lo tanto, al despejar la innecesaria saturación mental, no es la excepción, es la norma.

En gran medida, como mucha de esta información no logra franquear el doble obstáculo de la atención y el almacenamiento, debemos cuestionar la fiabilidad de lo que sí logramos captar. La reconocida investigadora Elizabeth F. Loftus explica que recordar «se asemeja más a ensamblar las piezas de un rompecabezas que a recuperar una grabación de vídeo».[11] Cada vez que hacemos un llamado a la memoria, no estamos presionando *play*, estamos reconstruyendo algo y somos susceptibles de cometer errores mientras lo hacemos.

Los testigos presenciales en la historia de Lydell Grant y de los otros casos mencionados de los convictos erróneamente inculpados y exonerados se equivocaron, lo que no necesariamente significa que sus intenciones fueran malas. En la mayoría de los casos, los recuerdos de estas personas estaban lejos de ser fotográficos y cuando les pedían que los usaran en momentos muy arriesgados, les fallaban a todos los involucrados. Al intentar reconstruir un recuerdo borroso, su mente juntaba algunos trozos de memoria y llenaba el resto con algunas pistas contextuales, es entonces cuando decía: «Está bien, es suficiente».

Estos testigos actuaban en condiciones reales muy estresantes, de vez en cuando en circunstancias de mucha oscuridad o desde una gran distancia, sin la posibilidad de tener una sesión completa dedicada a memorizar una fotografía. Solo recibían una cantidad limitada de información y casi no había nada que pudieran almacenar.

Y al encontrarse frente a frente con un fiscal insistente indagando una condena, su imperfecta y limitada memoria humana no tenía oportunidad alguna.

No sabemos lo que creemos saber

Aun cuando notamos o recordamos algo, ¿realmente sabemos algo? La verdad es que todos sabemos muchas cosas y pasamos la mayor parte de nuestros días bien, pero también creemos saber mucho más de lo que realmente sabemos.

Volvamos al punto de la cisterna del retrete, que mencionamos al principio de este capítulo, haciendo a un lado los detalles de la higiene personal, es probable que tú hayas tirado de esta palanca toda tu vida, haciendo de este dispositivo uno de los más empleados y con los que has tenido la mayor cantidad de interacciones tecnológicas más antiguas e íntimas. Pero aun si te enviaran quinientos años atrás en el tiempo, ¿podrías construir uno?

A menos que seas fontanero, si has respondido afirmativamente a esta pregunta, es probable que estés cayendo en otro de nuestros defectos mentales: la ilusión de la «profundidad explicativa». Este fenómeno ocurre cuando las personas creen que entienden temas complejos, ideas y sistemas, más de lo que realmente comprenden.

En un estudio original de Yale que identifica este concepto, se entrevistó a estudiantes de posgrado para indicar en una escala en qué medida comprenden el funcionamiento de una serie de dispositivos y sus sistemas, desde velocímetros, la Corte Suprema de Estados Unidos, hasta, sí, las cisternas del retrete.[12] Después de calificar su conocimiento, se les pidió a los participantes escribir una explicación más detallada de cada idea para, a continuación, volver a calificar su comprensión sobre estos conceptos.

Los resultados: casi todos los participantes tuvieron problemas con sus explicaciones y redujeron la puntuación de sus propios conocimientos después de valorarlos. Cuando se replicó el ejercicio con estudiantes universitarios o más allá del campus de la Ivy League, se obtuvieron los mismos resultados: no sabemos lo que creemos saber.

Esta ilusión está relacionada con otra particularidad común de la sobreestimación: el efecto Dunning-Kruger. Este efecto es un conocido sesgo cognitivo que se observa en las personas incompetentes o con inexperiencia que tienden a sobrevalorar su capacidad y habilidades. Lo vemos todo el tiempo a nuestro alrededor: los malos estudiantes piensan que han obtenido mejores calificaciones que las que han sacado, y los jugadores mediocres de ajedrez piensan que tienen más probabilidades de ganar de las que poseen en realidad. Un ejemplo que es particularmente sorprendente: el 12 % de los hombres británicos piensa que podría anotar un punto contra Serena Williams, la más grande jugadora de todos los tiempos, en un partido de tenis. Da la casualidad de que este es el mismo porcentaje de arrogancia que tienen los estadounidenses promedio que creen que podrían derrotar a un lobo en una pelea cuerpo a cuerpo.[13]

Juntas, estas deficiencias se manifiestan cada vez que tratamos de comunicarnos, como se muestra en la figura 1.1. A cada paso del proceso de extraer información del mundo y conducirla hacia nuestra mente, nos enfrentamos a distintos problemas. Cada pequeño instante de atención y concentración es un pequeño milagro.

El problema con todo lo demás

Todos estos errores nos pueden hacer ver como máquinas llenas de defectos. Pero lo cierto es que nuestros fallos no son mayores a las de un pez que no puede trepar un árbol o a las de un caracol que no puede volar. Simplemente no se está diseñado para estas situaciones. Somos seres imperfectos, pero no se trata de una incapacidad moral. Así somos.

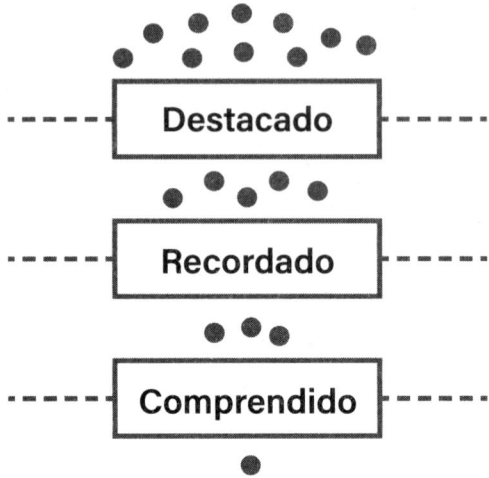

FIGURA 1.1. La diferencia entre ser visible, recordado y comprendido

El problema radica en que hemos diseñado un mundo que no es apto para nosotros mismos.

Hace doscientos cincuenta mil años, cuando nuestros ancestros más lejanos deambulaban por la sabana, no se encontraban cercados por un horizonte infinito de carteles publicitarios o el bombardeo constante de notificaciones. Al contrario, evolucionamos rodeados de amenazas bastante realistas —acechados por criaturas mucho más voraces de las que tenemos hoy en día— y desarrollamos habilidades que nos permitieron analizar el entorno de un vistazo y dirigir la atención para lograr ir un paso adelante. El crujido de las ramas y las sombras en movimiento nos advertían sobre algún depredador que se encontraba a la vuelta de la esquina, de inmediato nuestra mirada y nuestros oídos se aguzaban para así calcular el tamaño de la amenaza.

El hecho de que tanto tú como yo estemos hoy aquí es una muestra de que nuestros antepasados eran muy hábiles para evitar ser devorados. ¡Vaya, que el cerebro de entonces funcionaba de manera óptima! Nuestra atención y nuestra memoria selectiva cumplían con su labor.

No obstante, en la actualidad permitimos la entrada a la amenaza con dientes de sable a nuestros hogares e intimidad. Nuestros dispositivos móviles reclaman constantemente nuestra atención, zarandeando nuestra mente con un asunto urgente tras otro. Y esta situación se agudiza cada vez más.

La edad de oro de la distracción

Como profesor universitario, cada semestre les pido a mis alumnos sacar sus móviles y revisar en la configuración el total de horas que lo han usado al día. Entonces le pido a la clase mostrar los registros más altos. He aquí algunas de sus respuestas: «Cinco horas con veintitrés minutos», «Seis horas con catorce minutos», «Siete horas con cincuenta y un minutos».

Si tenemos en cuenta el contexto de veinticuatro horas diarias, notaremos que estas cifras son brutales; sin embargo, no son nada fuera de lo común. En Estados Unidos, el 57 % de los adultos pasan alrededor de cinco horas al día, o más, en sus móviles.[14] Y yo mismo me incluyo en estas estadísticas al contabilizar un promedio de cuatro horas con siete minutos a la semana, el tiempo que dediqué a la escritura de este texto.

Si extendemos esta mirada a todos los dispositivos, desde móviles hasta ordenadores, televisión, radio, libros, periódicos y revistas, nos daremos cuenta de que los estadounidenses dedicamos alrededor de trece horas al día lanzando mensajes a nuestro cerebro.[15] Si quitas el tiempo que le dedicas a dormir, bañarte… estas horas son prácticamente todo tu tiempo.

En este preciso instante nos encontramos revisando y recibiendo miles de imágenes y mensajes, de amigos y familia, de corporaciones y grupos y, por supuesto, de publicidad, todos aglomerados y acomodados en nuestra huella digital algorítmica. Nuestros dispositivos móviles y sus aplicaciones reflejan a qué somos adictos. Algunos publicistas estiman que nos desplazamos más de 90 metros diarios a través de nuestros distintos muros, una distancia mayor a la altura de la Estatua de la Libertad. Abarcamos tantos aspectos de nuestra vida con el móvil que los médicos han identificado una nueva dolencia llamada «dedo de smartphone», una forma de tendinitis a causa del constante clic, clic, clic.

La lucha contra la saturación de la información no es nueva, pero ya ha rebasado los límites. En 1255, el fraile dominico Vincent de Beauvais se quejó sobre «la gran cantidad de libros, la brevedad del tiempo y lo efímero de la memoria».[16] Y esto ocurrió casi doscientos años antes de que la imprenta detonara el boom de la palabra escrita. A medida que los siglos transcurrieron, los periódicos, la radio y la televisión agudizaron la «economía del tiempo», y en la aceleración de la era actual, este fenómeno ha empeorado.

Nos encontramos en una constante lucha por mantenernos a flote en este flujo de información, instalando bloqueadores de anuncios publicitarios vertiginosos, a la vez que nos damos de baja masivamente de las suscripciones que tenemos. Adquirimos relojes inteligentes para ayudarnos a filtrar las notificaciones con mayor rapidez. Pero estos esfuerzos no funcionan cuando hay una enorme cantidad de poderes presionando desde el lado opuesto, exigiendo más, más y más de nosotros. Vivimos en la edad de oro de la distracción y estamos atrapados en este torbellino que es más fuerte que nunca.

El diseñador Don Norman explica en su libro *Emotional Design* el trasfondo del problema de estas tecnologías distractoras. Cuando las utilizamos, «realizamos una especie de actividad muy concreta, nos encontramos entre dos espacios simultáneos, uno en el que nos situamos físicamente; y otro espacio que es mental, un lugar privado en el que la mente participa en una conversación con otra persona».[17]

Esta conciencia dividida, combinada con los irruptores de información, conforma un mundo indescifrable para nuestros bisabuelos, ya no digamos a nuestros ancestros evolutivos. Estamos ocupados, tenemos menos tiempo del que tenían nuestros ancestros cazadores-recolectores, por dar un ejemplo, y estamos distraídos, recibiendo un promedio de ciento veinte correos electrónicos y cincuenta notificaciones al día y simplemente no nos damos abasto.[18]

Lo predeterminado es la indiferencia

No se trata solo de ti. Las estadísticas muestran que las tendencias en las redes sociales se mueven más rápido en la actualidad que hace algunos años, incluso nuestros intereses con relación a los últimos libros y películas son más fugaces de lo que eran entonces.[19] Cada año la información nos satura más y más. Por cada nueva ola de contenido clamando por nuestra atención, surgen otras más imponentes. En esta era de la abundancia, la inundación no se detiene.

La gran mayoría de nosotros, casi tres cuartos de la población mundial, considera que hay demasiados anuncios. Y aquellos que logran captar nuestra atención, los molestos vídeos que se reproducen automáticamente, son considerados los más molestos.[20] Más allá de instalar bloqueadores o de cambiar nuestros hábitos para evadirlos de algún modo, hacemos lo que sea para evitar la publicidad a donde quiera que vayamos. Incluso, cuatro estados de Estados Unidos ya prohibieron las vallas publicitarias.

La manera en la que respondemos a esta molesta embestida es ignorándola. Nuestra respuesta predeterminada es no tener en cuenta la publicidad.

La «ceguera de anuncios» publicitarios es una forma selectiva de nuestra atención de bloquear estos mensajes no deseados, la cual ha sido documentada en los usuarios de ordenadores durante décadas.[21] Nuestro cerebro está entrenado para ignorar la publicidad, incluso las cosas que parecen anuncios, cuando estamos usando los sitios web y las aplicaciones, e instintivamente sabemos cómo evitar estos contenidos aunque nunca hayamos visitado esas páginas. Literalmente no vemos estos mensajes, y sin duda, no los recibimos.

Se pierde la señal en el ruido.

Este fracaso colectivo de comunicación es el resultado de nuestra motivación central, profunda y demasiado evidente: queremos hacer lo que deseamos hacer.

Para decirlo sin rodeos: no nos preocupamos de las cosas a menos que sean importantes. Amamos y nos preocupamos profundamente por nuestros amigos y familiares, nuestros equipos deportivos y partidos políticos, nuestros pasatiempos y nuestras creencias. Hay muchos otros temas que nos importan y que demandan nuestra atención. Pero cuando no vemos de inmediato que algo no coincide con nuestras metas y deseos, pasamos a otras cosas. Y hay más de esas «otras cosas», como nunca antes.

Nuestro cerebro ha creado este desorden, y solo él pueden sacarnos de este. Como hemos visto, antes de siquiera intentar comunicarnos, el juego ya está en nuestra contra. Nuestra biología y psicología nos instan a ignorar el ruido, y el mundo que hemos creado está tan lleno de desorden y caos que es un milagro que algo llegue a través de todo.

Llevamos un cerebro de la edad de piedra a una lucha de teléfonos inteligentes. No tenemos la culpa cuando perdemos.

Pero no podemos darnos por vencidos. Tenemos cosas importantes que decir, movimientos que construir e innovaciones que traer a la luz. La comunicación es demasiado vital —para nuestros negocios, nuestra vida y los grandes proyectos de nuestras sociedades— como para permitirnos que falle. Es la esencia de la humanidad y, para hacer lo correcto, debemos reconocer y abrazar nuestras limitaciones humanas. Hacer la labor de destacar y ser escuchados es nuestra responsabilidad.

Y resulta que hay una ciencia que explica cómo podemos lograrlo.

Lo que pasa por nuestra cabeza

Hay muchos detalles que entran en juego cada vez que creamos o comunicamos algo. He aquí una lista parcial de las ideas que abordamos en nuestro recorrido para entender cómo un mensaje llega del emisor al receptor:

- Sesgo de disponibilidad: Somos más propensos a utilizar ideas que se encuentran al alcance de la mano.
- Sesgo de complejidad: Tendemos a ver las circunstancias, los deberes o los problemas de una manera más complicada de lo que son.
- Efecto de falso consenso: Solemos sobrevalorar el hecho de que nuestras opiniones y nuestros gustos coincidan con los de otras personas.
- Heurística de la fluidez: Le damos más valor a los hechos o ideas que se interpretan y se comprenden con mayor facilidad.
- Homofilia: Tendemos a relacionarnos con personas similares a nosotros.
- Heurística instrumental: A veces preferimos labores que exigen un mayor esfuerzo de nuestra parte, pero solo por el hecho de alcanzar el objetivo.
- Sesgo de exceso de confianza: Tenemos la tendencia a sobreestimar nuestro propio desempeño, conocimiento y capacidades, sobre todo en áreas de experiencia reducida.
- Atención selectiva: Acostumbramos a poner mayor atención en una tarea específica, sin considerar los detalles de nuestro entorno.
- Sesgo de supervivencia: Probablemente ponemos mayor atención a la información o las cosas que superaron un proceso de selección haciendo a un lado a las que no. Al analizar el pasado, solo tenemos en cuenta a los supervivientes.

2

En defensa de la sencillez

> Lo sencillo puede ser más difícil que lo complejo: tienes que esmerarte para pulir tus ideas y hacerlas simples. Pero, al final, vale la pena porque, una vez que lo logras, puedes mover montañas.
>
> STEVE JOBS

En el transcurso de un par de semanas, en marzo de 2020, el mundo tal y como lo conocíamos se detuvo de golpe. La NBA abruptamente canceló su temporada en medio de un partido. Se les ordenó a los cruceros detener de inmediato sus rutas con la orden de no zarpar. El sistema escolar público de la ciudad de Nueva York, el más grande de todo el país, cerró sus puertas. Un nuevo virus, el COVID-19, detuvo nuestra vida moderna.

Pero así como nuestra especie comenzó a buscar refugio y a tomar distancia social, nuestros vecinos en este planeta hicieron exactamente lo opuesto. Entre publicaciones sombrías y pesimistas en las redes sociales, el mundo vio imágenes de delfines nadando en el regularmente caótico estrecho del Bósforo en Estambul, pumas acechando en las calles de la ciudad de Santiago y coyotes cruzando el puente Golden Gate en San Francisco. «La naturaleza se está purificando» era la frase familiar que resonaba mientras observábamos lo que la quietud y la calma significaban para el medio ambiente.

Casi de la noche a la mañana los niveles de ruido urbano bajaron por completo, lo cual era algo que no se percibía desde mediados del siglo pasado. Menos tráfico en las calles y menos aviones en el cielo regresaron a nuestras ciudades al paisaje sonoro de los años cincuenta. Recuerdo haber pedaleado en bicicleta alrededor de un Manhattan extrañamente silencioso en primavera (podías escuchar la caída de un alfiler).

Esta quietud ayudó a muchos citadinos a dormir mejor, pero también permitió a otros habitantes de nuestras ciudades a resurgir de otras maneras: los pájaros cantores. Como si se encendieran, las aves usaron esta paz recién encontrada para cantar de forma más compleja y con más matices.[1] Cuando el ruido de la vida moderna regresó en los meses subsiguientes, ese detalle se desvaneció. Las aves cantaron más fuerte o simplificaron sus canciones para abrirse paso entre el estruendo.

Hasta nuestros amigos emplumados conocen la verdad sobre cómo funciona la comunicación en nuestro ocupado y ruidoso mundo. Si quieres que te escuchen, otras aves u otras personas, necesitas simplificar lo que dices. Y tenemos una ventaja sobre lo que estas aves pensaban: podemos usar el cerebro que nos metió en este desastre para ayudarnos a salir de él.

¿Qué es la sencillez?

Volvamos a la definición de sencillez en la comunicación que presentamos al principio de este libro.

Sencillo: cuando un mensaje se percibe fácilmente, se comprende y se reacciona en consecuencia.

En otras palabras, la sencillez es una función a la que los científicos llaman fluidez.

Es una palabra que conocemos muy bien. Podemos tener fluidez en inglés, español, mandarín. También, podemos ser fluidos en el ajedrez o cocinando, en enología o carpintería. Reflejamos nuestra fluidez en las cosas que son veloces, las que nos resultan fáciles y suaves. La palabra en sí misma deviene de la raíz latina *fluens,* que significa «fluido»: sensación que la misma palabra transmite.

Cuando los psicólogos y neurocientíficos hablan de lo fluido, se refieren a una suerte de experiencias que concentramos en dos grandes contenedores: la fluidez perceptiva y la fluidez de procesamiento.

- Fluidez perceptiva: ¿con qué facilidad nos damos cuenta de las cosas?
- Fluidez de procesamiento: ¿con qué facilidad comprendemos las cosas?

Una abrumadora cantidad de evidencias, proveniente de un amplio rango de factores, apuntan hacia un mismo resultado: tenemos una tendencia natural por las cosas que nos resultan más sencillas de percibir y procesar. Cuando nuestra experiencia con un mensaje o concepto es más fluido, es más probable que nos guste o que creamos en ello, que lo prefiramos o que lo escojamos.

Otro ejemplo un poco absurdo de la fluidez en nuestro comportamiento lo vemos en las fluctuaciones del mercado de valores. Cuando las empresas salen a la bolsa, dependiendo del intercambio, eligen una etiqueta de cotización de cuatro o cinco caracteres. Walmart es conocido por la forma abreviada WMT, Tesla por TSLA y McDonald's como MCD. En teoría, estos símbolos abreviados no deberían tener implicación alguna en el desempeño de las empresas. El liderazgo, las condiciones cambiantes del mercado y los descubrimientos tecnológicos pautan el crecimiento (o reducción) de la valoración de una compañía, no un grupo irrelevante de letras.

Pues bien, no del todo. Los investigadores Adam Alter y Daniel Oppenheimer tomaron una lista de casi mil compañías que salieron a la bolsa de valores en el periodo de 1990 a 2004.[2] Las dividieron en dos grupos: uno, en el que puedes pronunciar la etiqueta y, por otro lado, las que no se pueden pronunciar. Revisando el desarrollo histórico de cada grupo, los investigadores encontraron que las acciones del grupo con los caracteres más fáciles de pronunciar regularmente se venden más que aquellas que son imposibles de leer. Si inviertes mil dólares en las más fáciles, en las etiquetas de cotización más sencillas, y tu amigo invierte la misma cantidad en las etiquetas impronunciables, después del primer día de *trading* tú lo habrás superado por ochenta y cinco euros. El efecto disminuye después del auge de las ofertas iniciales, pero incluso años después, el impacto positivo se mantiene.

Cuando para los inversores estas etiquetas son más fáciles de decir y retener, es más probable que las recuerden e inviertan en ellas. Pensemos en GOOGL, DIS, y PEP, las cuales requieren menos esfuerzo mental que CMCSA, ACN y VZ (la empresa matriz de Google, Alphabet, Disney y Pepsi, y Comcast, Accenture y Verizon, respectivamente).

Nuestra preferencia por los nombres más claros y fáciles de pronunciar se extiende más allá de las acciones y de la misma sala de juntas. Y, aunque valoramos la extensión, la singularidad y etnicidad de los nombres, solemos juzgar positivamente a la gente con nombres más fáciles de pronunciar. Los estudios muestran que es más probable que votemos por candidatos con nombres más fáciles, que los abogados con nombres más simples avanzan más en sus carreras y que, en general, los que se entienden mejor gustan más, justa o injustamente.[3]

Los nombres sencillos están justo en la punta del iceberg cuando se trata de nuestra inclinación por la fluidez. Al instante, a donde quiera que miremos, destaca la fluidez:

- Es más probable que compremos las opciones impresas en las tipografías más fáciles de leer, que aquellas que se muestran borrosas, apretadas, o cualquier otro texto que signifique un reto en su lectura.
- Las imágenes que se muestran frente a un fondo de alto contraste se califican como más hermosas que aquellas con fondos turbios o de bajo contraste.[4]
- Los discursos claros, sin dubitaciones, como «eh» o «mmm», son valorados como más fiables que aquellos mensajes desarticulados.

- Los visitantes gastan más tiempo y dinero en los sitios web que son más rápidos.
- Se cree que las oraciones con rimas son más verdaderas que aquellas que carecen de ellas.

En nuestra experiencia cotidiana, esta realidad es intuitiva. Nos angustiamos al tener que seguir instrucciones engorrosas para declarar nuestros impuestos, pero disfrutamos con la oportunidad de sumergirnos en una novela apasionante. Amazon y otras compañías de comercio digital han eliminado implacablemente la complicación para que podamos tener una fluida y sencilla experiencia de pago con un solo clic, la cual se ve reflejada en las cuentas de nuestras tarjetas de crédito. Las cosas sencillas inspiran emociones y acciones positivas, y las cosas difíciles inspiran lo contrario.

La fluidez es como una bisagra muy bien engrasada en la puerta de nuestra mente. Cuando es sencillo abrir esta puerta, es más fácil dejar entrar los mensajes. Cuando las bisagras están oxidadas, las cerraduras son confusas y cuesta más trabajo abrir la puerta, por lo tanto, es menos probable que la usemos.

Diseñar con sencillez

Si queremos lograr una fluida sencillez en nuestra comunicación, ¿qué es lo que debemos hacer?: diseñar.

Explicado de forma sencilla, diseñar significa crear con un propósito. El diseño es una función empresarial, no una función artística.

Si no es obvio hasta ahora, este libro no es sobre poesía y pintura, por el contrario, es sobre dólares y centavos. El mundo ha tenido mucho espacio para la belleza y su intrincada y expansiva complejidad en nuestras búsquedas creativas, este mundo sería un lugar muy sombrío si no las tuviera. Si estás creando arte, sigue a tu musa y no a este libro.

Pero cuando estás comunicando con un propósito para informar o persuadir, tu mensaje necesita ser diseñado. El diseño tiene un *objetivo*.

El diseño tiene múltiples formas. Lo sé, pasé una década dirigiendo una agencia de marketing que diseñaba toda clase de cosas. Diseñamos aplicaciones móviles para ayudar a los estudiantes a comunicarse con sus padres; sitios web que ayudaran a los turistas a planear sus visitas a lugares famosos e identidades de marca que ayudaran a las compañías a proyectar sus productos al mercado. Tengo amigos que han diseñado edificios y puentes, y otros que han creado productos y los envases en los que vienen. Algunos son diseñadores de moda llamativa y otros son los arquitectos de la información «detrás de cámaras». A donde quiera que algo, tangible o intangible, necesite ser organizado para conseguir algo, allí están los diseñadores.

Pero casi nunca recordamos que el camino de cómo nos comunicamos es una de esas cosas. Vemos el resultado de diseñar interfaces y anuncios, pero pensamos en las palabras y en sus significados como algo separado, algo que no sigue las mismas leyes de la naturaleza como todo lo demás. Este libro se orienta sobre cómo ayudarnos a ver nuestros mensajes como algo que puede y debe ser diseñado.

Los diseñadores lidian con limitaciones. Hasta ahora, hemos hecho el recuento de nuestras propias limitaciones y del entorno en el que nos encontramos, aquello que nos dificulta comunicarnos.

Los diseñadores se enfrentan a las consecuencias. Exploraremos los peligros de los mensajes complicados, excesivos y nada claros y veremos por qué nos fallan con tanta frecuencia.

Y ahora, que estamos defendiendo qué funciona, sin duda, la única estrategia que sí funciona es la sencillez.

Cuando observamos la sencillez a través del prisma del diseño, conociendo a los usuarios, las limitaciones y las consecuencias, descubrimos cinco principios comunes en todos los mensajes que compartimos. Operar en cada uno de ellos nos ayudó a querer desbloquear los beneficios de la fluidez para llegar a ser comunicadores más efectivos. Operar con todos ellos juntos nos ayudó a ser creadores de la verdadera magia.

Beneficioso

Los mensajes sencillos le dan prioridad al receptor. Se enfocan en los objetivos del receptor, sus necesidades y deseos. ¿Qué obtiene el receptor? ¿Cómo le puede ayudar tu mensaje?

Cada interacción involucra dos partes, pero estas no son iguales. Así como el remitente de una carta debe pagar el envío, el emisor de un mensaje es responsable de asumir el coste real y figurado de la comunicación. ¿Por qué? El emisor quiere esas compras, votos o donaciones, y el receptor está muy tranquilo sin hacerse cargo de ello.

Enfocado

Los mensajes sencillos eliminan todo lo que no tiene importancia. Todo lo que está allí es para transmitir la cuestión, y lo demás es mera distracción que debe ser suprimida. Las frases triviales, el relleno inútil, todo lo que no sea necesario para tu historia es otra oportunidad para perder al receptor. Tienes tan solo una pequeña ventana para que te escuchen, así que no la desperdicies.

Diseñar no es lo mismo que decorar. La decoración consiste en agregar ornamentos y «embellecer las cosas». Cuando agregamos unos guardabarros cromados a nuestro automóvil o cuando nos ponemos una pieza de brillante joyería, estamos decorando. No tiene nada malo, pero la decoración es arte y el diseño es negocio, lo cual, requiere enfocarse.

Destacado

Los mensajes sencillos sobresalen. Psicólogos y neurocientíficos usan el término «saliencia» para describir de qué manera las cosas sobresalen del resto para llamar nuestra atención. En un mundo estrepitoso, necesitas ser visiblemente distinto para tener alguna esperanza de que te escuchen. El cerebro se adapta rápidamente a los estímulos redundantes, disipando una uniformidad confusa con el fondo, dejándonos predispuestos a las cosas que no son necesarias.

Los contrastes pueden concretarse de distintas formas: en la apariencia física, con el tono de voz, con el tamaño o longitud, con el volumen, el estilo o la ubicación o presionando y dirigiéndolos hacia otros atributos. Todo se sintetiza en ser diferente. Los mensajes que destacan toman un camino distinto al de todos los demás. Lo sencillo destaca, lo complicado se difumina.

Empático

Los mensajes sencillos muestran comprensión al receptor. Los mensajes empáticos hablan el lenguaje del receptor y demuestran comprensión de su realidad. Ellos no requieren de un lenguaje especializado, un título universitario que respalde el conocimiento o un diccionario lleno de términos esotéricos.

Como refiere el mercadólogo y autor Michael Ventura en su libro *Applied Empathy*: «La empatía nos permite ver el mundo desde otros puntos de vista, y nos ayuda a formar percepciones que puedan guiarnos hacia nuevas y mejores maneras de pensar, ser y hacer».[5] Los comunicadores empáticos se ponen en la piel de su audiencia y permiten mayor comprensión y conexión en el proceso.

Minimalista

Los mensajes sencillos contienen todo lo que necesitan, pero solo lo imprescindible. Tales mensajes requieren de un menor número de interacciones, y esto genera la menor cantidad de errores posibles.

Mientras, en general, lo mínimo corresponde a una menor longitud, esto no significa que el objetivo sea reducido. En cambio, el atributo de lo mínimo aminora los obstáculos. Más elementos equivalen a más obstáculos y, por lo tanto, a más trabajo. Menos obstáculos significan mayor fluidez.

La era de la sencillez

Pero ¿por qué todo esto es tan importante? Si nuestra naturaleza nos empuja hacia una dirección, ¿por qué deberíamos hacer todo lo posible para ir hacia el otro sentido?

Porque somos muy similares a los pájaros cantores descritos al comienzo del capítulo. No tenemos el privilegio de vivir en condiciones perfectas, pero aun así necesitamos comunicarnos en este escenario imperfecto. La sencillez es nuestro camino hacia delante.

La sencillez es puesta a prueba

La sencillez no es nueva. Al contrario. En cierto sentido, esta idea se ha probado en cada espacio y en cada generación. Sobre esta idea en particular el fraile franciscano Guillermo de Ockham, en el siglo XIV, a quien se le recuerda por su principio «la navaja de Ockham», como ya he mencionado, apuntó que es más probable que las explicaciones más sencillas sean correctas. A través de la ciencia, la medicina y la historia, buscamos explicaciones de lo que ocurre en nuestro entorno y continuamente vemos que la respuesta correcta es la más sencilla, la que menos aseveraciones y el menos número de obstáculos tiene delante. Mil años antes de Ockham, Aristóteles afirmaba, «la naturaleza opera en las formas más cortas posibles».[6]

A principios del siglo XVII, Shakespeare escribió en *Hamlet* que «la brevedad es el alma del ingenio», y más adelante, en ese mismo siglo, Quaker desarrolló su «testimonio de la simplicidad» como principio rector de la fe. En el siglo XX, la Marina de Estados Unidos popularizó el principio KISS, abreviatura de «Keep It Simple, Stupid» («Simplifícalo, estúpido»). Este contundente imperativo se ha utilizado para desarrollar desde aviones de combate hasta películas de Disney y lo han manejado tanto programadores como políticos en su oficio.

Hoy, en nuestro acelerado momento cultural, vemos defensas de la sencillez a nuestro alrededor. El libro de Marie Kondo, impulsado por la sencillez, *La magia del orden* fue un gran éxito que inspiró no solo a un programa de Netflix (tan popular que en algunas tiendas Goodwill las donaciones aumentaron hasta un 66 %)[7], sino también una serie de los libros de parodia más vendidos.

Kondo, que se encontró en la cima de las plataformas de *streaming* y de los programas más vendidos, reformuló, junto con otros *influencers* y autores, los austeros principios del estoicismo. Las aplicaciones de meditación que nos ayudan a bloquear el ruido de este mundo se encuentran, habitualmente, en lo más alto de las listas de descargas, y los fabricantes de teléfonos móviles, en los que se encuentran estas aplicaciones, han implementado herramientas que nos ayuden a enfocarnos y reducir nuestra tendencia distractora. Después de que la pandemia nos forzó a enfrentar nuestro desorden interno, los diseñadores de interiores comenzaron a manifestar que «el minimalismo está en auge» y las marcas se han estado despojando de los ornamentos y de la complejidad a favor de estéticas más directas.

En nuestro moderno paisaje de consumo, la elegancia minimalista de los productos de Apple, imaginados y diseñados por Steve Jobs y Jony Ive, no solo ha generado miles de millones de dólares para la empresa más grande del mundo, sino que también ha inspirado a miles de creadores de innumerables compañías. Sin embargo, mucho antes de ellos, Dieter Rams había inspirado a Jobs y a Ive. Como la fuerza creativa de la marca alemana de productos de consumo Braun, Rams es una de las figuras más influyentes de la historia del diseño y un defensor reflexivo de la sencillez. Su filosofía reúne todos esos siglos de experiencia humana combinada: «Un buen diseño es lo menos de diseño posible. Menos es mejor, porque se concentra en los aspectos esenciales, y los productos no están sobrecargados con lo no sustancial. De vuelta a la pureza, a la sencillez».[8]

En cada época, cuando nos enfrentamos a nuevos desafíos e incertidumbres, retornamos al mismo principio. Lo que gana, lo que queremos, y lo que nos mueve es justo eso: menos, pero mejor.

La sencillez es empática

Desde la película *Toy Story*, Pixar ha estado produciendo éxito tras éxito. Fue un éxito comercial, aclamada por la crítica y adorada culturalmente. Su estilo ha sido imitado y la compañía ha sido examinada minuciosamente para destilar el secreto de su éxito. En 2012, Emma Coats, artista de *storyboard* en el estudio, compartió una lista de reglas para la narración de historias que ella reunió de entre todos sus colaboradores de clase mundial. Una de ellas es la siguiente: «Ten en mente lo que es interesante para ti como audiencia, no lo que es divertido de hacer como escritor».[9]

La sencillez es una forma de bondad al enfocarse en el punto de vista del receptor. Valorar el tiempo y los deseos de los demás es generoso. Ponerse en la piel de los otros es empático. Pero la bondad y la amabilidad, por ejemplo, no son lo mismo. El ser amable se encuentra en lo más superficial, complaciente y que tiende a evitar los conflictos. En cambio, la bondad está en un nivel más profundo; ser bondadoso significa que realmente te importan los otros y su bienestar.

Los mensajes complicados pueden estar llenos de cortesías, pero no precisamente son generosos al no tener en cuenta la atención y el tiempo limitados del receptor. Y las malas noticias transmitidas con respeto y honestidad son más amables que evadirlas de manera indirecta y con falta de franqueza.

En la ciudad de Nueva York el exalcalde Ed Koch personificó la franqueza y el modo más directo de comunicar, las mismas que le dieron forma a la reputación de mi ciudad natal en todo el mundo. Durante su primer periodo de gobierno en la Administración pública, instaló el cartel más directo de NO APARCAR que podrás ver en las calles, los cuales versaban: NI SE TE OCURRA APARCAR.[10] El cartel fue tan popular que lo implementaron en chino, yiddish, y otros idiomas en toda la ciudad, hasta el día de hoy aún se venden copias de este cartel a coleccionistas.

Este cartel dio pie a otros derivados: «No aparcar, no quedarse, no detenerse, no es broma». Cuando retiraron estos para poner señalizaciones más bizantinas después de su periodo administrativo, algunos neoyorquinos se irritaron, alegando que los nuevos carteles son «intencionalmente confusos para poder emitir muchas multas, como se muestra en la figura 2.1».[11]

Este sencillo cartel podría no ser muy amable, pero ciertamente es bondadoso.

La sencillez es eficiente

La publicidad es una industria de restricciones. Tu anuncio debe durar exactamente treinta segundos para ser emitido, tu anuncio de página completa para la revista *Time* debe medir exactamente 20 centímetros de ancho por 27 centímetros de alto para ser publicado.[12] Por generaciones, cualquiera que quisiera publicar una oferta laboral o, incluso, buscar el amor, podía pagar por palabra o «centímetro por columna» para que su mensaje fuera visto en el periódico local.

Hasta el día de hoy, en un mundo en donde Meta, Google y Amazon se han devorado más de la mitad de la industria publicitaria, las restricciones están por todas partes.[13]

Un anuncio publicitario en Google tiene un límite de treinta caracteres para un encabezado y noventa caracteres para la descripción. Esto es tan breve que esta última oración en la que explico la longitud en sí misma, ya es demasiado larga para ser un anuncio. Los píxeles y los tecleos son gratuitos, pero las miradas y la atención son caras.

La sencillez, por naturaleza, es eficiente. La sencillez requiere que eliminemos todo exceso y dejemos únicamente lo que funciona. Cuando hacemos eso, cortamos con los costes asociados a toda esa palabrería y, en última instancia, obtenemos la mayor rentabilidad por nuestro dinero.

Hace un siglo, John Wanamaker, un vendedor y mercadólogo pionero de Filadelfia, se quejaba, «la mitad del dinero que gasto en publicidad es un desperdicio, y el problema es que no sé cuál de las dos mitades».[14] Tengo una corazonada sobre la respuesta: tal vez sea la mitad que no necesitas en primer lugar. Cuando pagamos por publicidad que se dirige a sí misma, que es complicada y que no está enfocada en las necesidades del cliente, entonces estamos tirando nuestro dinero al váter.

La sencillez es efectiva

Por último, nada de esto tendría sentido si la sencillez no funcionara. Por suerte, las cosas buenas funcionan. La estrategia de marca de la reconocida firma de diseño Siegel+Gale ha estado rastreando las formas de la sencillez en el marketing durante los últimos diez años, haciendo encuestas a miles de consumidores alrededor del mundo y evaluando cientos de marcas en las principales áreas de la industria.[15] Da la sensación de que cada año hay más y más resultados similares. No solo la sencillez de las marcas sobresale en la competencia, también la gente está dispuesta a pagar más por ellas y está más contenta de recomendarlas:

- El 76 % de los consumidores prefieren recomendar una marca sencilla.

- El 57 % de los consumidores están esperando pagar más por una marca más sencilla.
- Las compañías han perdido cerca de 402.000 millones por no hacer las cosas más sencillas.

Los anuncios y eslóganes publicitarios más memorables de todos los tiempos son claros, directos y se enfocan en el receptor:

- El eslogan directo de Nike, «Just Do It» («Solo hazlo»), le permitió a la compañía multiplicar sus ganancias más de diez veces en los primeros diez años de ejecución.
- Cuando FedEx reformuló su oferta con su eslogan: «Cuando absolutamente, definitivamente necesita llegar al otro día», alcanzó con rapidez mil millones de dólares en ingresos y se convirtió en la más grande aerolínea de carga del mundo.
- Burger King contrastó su flexibilidad frente a la rigidez de su rival al presentar su «Have It Your Way» («A tu manera»), un mensaje tan potente que lo han presentado en distintas campañas una y otra vez.

Los mensajes sencillos pueden cambiar nuestra sociedad. En 1998, más del 20 % de los estudiantes de preparatoria en Estados Unidos fumaban cigarros todos los días. El consumo de tabaco genera una serie de problemas de salud en cualquier persona, pero los niños y adolescentes son, en particular, más susceptibles en desarrollar adicciones severas, atrofiar su desarrollo pulmonar y desarrollar enfermedades respiratorias peligrosas.[16] Es una epidemia tan seria que ha empeorado por la inversión masiva de las compañías tabacaleras para encubrir estos riesgos.

En respuesta, las autoridades de salud pública del estado de Florida lanzaron una campaña educativa diseñada para contrarrestar la desinformación y la publicidad alrededor del tabaco. El nombre y el objetivo eran directos: «Truth» («Verdad»). Más tarde se incorporó la denominación «Truth Initiative» («Iniciativa Verdad»), la cual se difundió por todo el país, la campaña más reconocida de la iniciativa consistió en acciones al margen de las compañías tabacaleras.

En una de estas acciones varios camiones llegan y descargan mil doscientas «bolsas para cadáveres» en la acera, y en otra acción, mil doscientos voluntarios numerados sufren un colapso de repente en la calle. El mensaje evidente, gritado claramente a los ejecutivos de las empresas tabacaleras y a los espectadores en casa, era el siguiente: «El tabaco mata a mil doscientas personas al día. ¿Alguna vez pensaste en tomarte un día libre?».

Debido a esto, el gigante del tabaco Philip Morris también se vio obligado a realizar anuncios de salud pública antitabaco que se emitieron durante el mismo periodo. No fueron muy buenos. La campaña, bajo el lema «Piensa. No fumes», involucraba algunas narrativas confusas, malas actuaciones y una ejecución poco entusiasta.

Diversos estudios posteriores sobre estas campañas han probado dos cosas. La primera, la campaña de «Truth» funcionó consistentemente hasta incrementar las actitudes antitabaco entre los adolescentes. En segundo término, la campaña de Philip Morris no solamente fue ineficaz, sino contraproducente: los adolescentes expuestos a los torpes anuncios terminaron más interesados en fumar. Por fortuna, los eslóganes de «Truth» destacaron y, hasta el día de hoy, el porcentaje de uso del tabaco entre los adolescentes bajó un 4,6 %.[17] Y con el nuevo desafío frente al *vaping* entre los jóvenes, se ha rescatado dicha campaña para terminar el trabajo de concienciación.

La sencillez no es solo un aparador, es una manera completamente distinta de pensar sobre cómo nos comunicamos. Si lo consideramos, diseñamos y comunicamos con intención, podremos mover montañas.

Pero no es tarea fácil. Primero debemos enfrentar a un enemigo conocido.

3

El crimen de lo complicado

El desorden y la confusión son errores en el
diseño, no cualidades de la información.

Edward Tufte

En el invierno de 1944, el mundo estaba en llamas.

Mientras los aliados libraban una guerra armada a miles de
kilómetros de distancia, en Estados Unidos, la maquinaria de guerra intentaba ganarle al tiempo y buscaba la manera de sacar ventaja. En las oficinas de lo que después llegaría a ser la CIA (para
entonces llamada la Oficina de Servicios Estratégicos), un equipo especializado desarrollaba una forma única de alcanzar exactamente dicho objetivo al crear una guía que sirviera para infiltrar espías en territorio enemigo, llamada el *Manual de campo de sabotaje
simple*.

Dicha publicación, estrictamente clasificada, tenía como finalidad «delinear un sabotaje sencillo y definir sus posibles consecuencias, además de buscar propuestas para detonar este y llevarlo a
cabo». Se trataba de páginas enteras que detallaban la manera de
entorpecer el buen funcionamiento de las fábricas, desarticular redes
de transporte y obstaculizar los suministros de energía. El texto
enseñaba a los espías y aliados de confianza a «alterar los letreros
que se encontraban en intersecciones y bifurcaciones» y a «verter
partículas de serrín o granos duros, como arroz o trigo, en el tanque
de un motor de gasolina».[1]

Asimismo, en ese escrito, entre las descripciones siniestras que mostraban la forma de devastar la economía enemiga, se encontraba un conjunto de instrucciones que especificaban el modo de arruinar organizaciones:

Elabora «discursos». Intervén frecuentemente y expláyate. Tus «opiniones» deben ser ilustradas con largas anécdotas y narraciones de experiencias personales. No escatimes en hacer algún que otro comentario «patriótico» de manera apropiada...

Trae a colación, tanto como sea posible, temas banales...

Al entrenar a nuevos trabajadores, da instrucciones incompletas y confusas...

Proporciona explicaciones largas e incomprensibles cuando te cuestionen.

Con la finalidad de conseguir que el enemigo fuera menos productivo y efectivo, de bajar su moral y aventajarlo, se enseñaba a los espías a causar complicaciones. ¿Algo de esto te resulta familiar en la vida de hoy día?

Si alguna vez te ha tocado ser parte de un equipo de trabajo, en la escuela o en tu comunidad, probablemente conozcas (y hasta te haya tocado soportarlo) a alguien que posee todos estos rasgos siniestros, adrede o no. ¿Será que, incluso, nosotros mismos hemos pecado de ello?

Cuando somos comunicadores deficientes y hacemos que nuestro mensaje sea complicado y confuso, nos estamos autosaboteando del mismo modo en que se instruye a los espías para que saboteen al enemigo. He ahí la manera en que nuestra comunicación falla.

Lo complicado frente a lo complejo

Antes de que prosigamos, hagamos una diferencia esencial entre dos palabras que, a simple vista, parecen tener la misma definición:

«complicado» y «complejo». Una de estas palabras se refiere a un estado benevolente, y la otra palabra alude a un acto de sabotaje (ve la figura 3.1).

La diplomacia internacional es compleja. Las instrucciones deficientes para registrarte que recibiste de tu anfitrión de Airbnb son complicadas. Un chip de ordenador es complejo. Lograr que tu impresora funcione de forma óptima es complicado. Las alianzas corporativas son complejas. El denso memorando que explica las nuevas políticas acerca del tiempo libre remunerado (PTO, por sus siglas en inglés) de tu oficina es complicado.

Muchos de los procedimientos, objetos y acciones de nuestro mundo son complejos. La complejidad se da cuando algo está compuesto de muchas partes, a menudo entrelazadas de una manera confusa y precisa. El ojo humano es complejo. La física teórica es compleja. El aprendizaje automático es complejo. Aunque algo sea parte de la naturaleza o esté hecho de forma artificial, muchos de los objetos milagrosos de nuestro universo son inherentemente complejos.

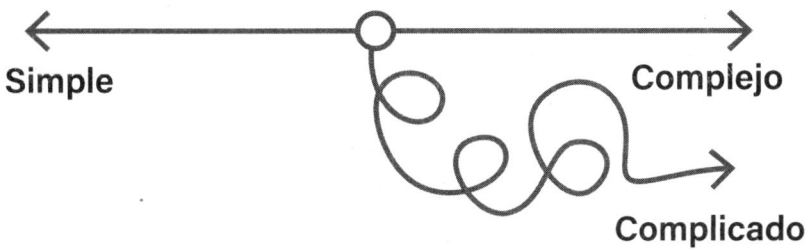

Simple   **Complejo**

Complicado

FIGURA 3.1. Lo complicado frente a lo complejo

Tu mensaje no es ninguno.

Lo complicado se refiere a algo que es complejo, pero que podría resultar sencillo. Lo complicamos de modo verbal. Lo complicado alude a las cosas que son muy extensas, largas, demasiado engorrosas y confusas. Lo complicado nos causa ruido porque lo complicado no se termina de concretar. Las cosas complicadas funcionan, pero requieren esfuerzo. En realidad, no quieres que tu mensaje sea forzado.

Tenemos que ir de la mano de lo complejo porque muchos de los objetivos complejos son funcionales. Tocar el piano es complejo, pero, pese a ello, algunas personas deciden practicar durante años, ya que eso les deja algo que, al final, vale la pena.

Mucha gente lee *Guerra y paz* cada día porque quiere adentrarse en la gran literatura. Tu publicidad de un nuevo champú o la presentación de tu informe anual ante los accionistas no está al nivel requerido. Todas esas cosas no deberían resultar complicadas.

La exageración es el camino fácil

El problema radica en que estamos programados para complicar las cosas, y esa es nuestra mayor debilidad en el momento de buscar conectar y comunicar.

Estamos atados a un sesgo de complejidad, por lo cual estamos predeterminados para llevar las ideas hasta ese extremo del espectro, a complicarlas. Dicha complejidad nos resulta seductora porque, paradójicamente, lidiar con una tarea compleja resulta más fácil que tratar con una tarea sencilla.

Lo complejo nos permite concentrarnos en pequeñas cosas, distraernos con detalles sutiles en vez de enfrentarnos a una gran verdad. Cuando un desafío está conformado por muchas pequeñas partes, tenemos más lugares en los cuales concentrarnos. Pero cuando únicamente nos toca enfrentarnos a algo grande, no podemos ignorarlo.

Preferimos poner más atención al formato de un documento en lugar de analizar con ojo crítico la idea principal. Optamos por leer reseñas que nos permitan encontrar la silla de oficina más adecuada para aliviar nuestro dolor de espalda, en vez de cuestionar nuestra decisión de pasar ocho horas al día sentados en una silla. Nos explayamos en detalles en lugar de ir directos al grano. Como refiere un artículo de *Farnam Street*:

De entre la reacción de lucha o huida, el sesgo de complejidad nos hace elegir la reacción de huida. Se trata de una manera de desatender un problema o concepto, y etiquetarlo como demasiado confuso. Si crees que algo es más difícil de lo que es, renuncias a tu obligación de entenderlo.[2]

Nuestro cerebro nos lleva a tomar ese camino de menor resistencia no intuitiva de varias maneras. En 1989, Hilary Farris y Russell Revlin, de la Universidad de California, llevaron a cabo una investigación en la que se solicitaba a los participantes que dedujeran cuál era el patrón que se daba entre conjuntos de números como los de la figura 3.2.[3] Aunque la relación real entre ellos era sencilla de entender, ya que los números simplemente estaban ordenados de manera ascendente, la mayoría de los participantes no se dieron cuenta de ello, y en cambio desarrollaron complicadas operaciones aritméticas para explicar dicha relación. Estamos programados para ignorar el camino sencillo que se encuentra justo ante nosotros.

Leidy Klotz, en su libro *Subtract*, expone las investigaciones adicionales que él y sus colegas realizaron sobre este mismo sesgo aditivo.[4] En un experimento les mostraron estructuras de Lego a los estudiantes, solicitándoles realizar cambios en la estructura para equilibrar uno de los bloques. Añadir cada bloque le costaría a cada persona diez centavos, y el objetivo era lograr esto con el menor gasto posible. Y aunque la solución más lógica era quitar un solo bloque, menos de la mitad de los participantes optaron por esta solución. En cambio, la opción más recurrente fue la de añadir un puñado de ladrillos para sostener la estructura.

FIGURA 3.2. ¿Qué patrón notas en esta secuencia numérica?

La misma opción de añadir más bloques se dio cuando el equipo de investigación le solicitó a los participantes que alteraran patrones de azulejos de colores en una pantalla, hicieran cambios en un itinerario de vacaciones, remodelaran un campo de minigolf, nivelaran la receta de una sopa, compusieran una melodía musical o mejoraran un texto escrito. Cualquiera que fuera la actividad, descubrieron que nuestro cerebro nos impulsaba, en primera instancia, a adicionar, omitiendo, incluso, toda posibilidad de simplificar.

Cuando llevamos esto al nivel de conciencia, también notamos que nuestros estímulos nos empujan hacia lo complejo y hacia la adición. Añadir una nueva página a un manual de empleado, agregar otro párrafo en nuestra página de inicio o escribir otro memorando son una evidencia clara de nuestra forma de trabajar y de esforzarnos. La resta, es decir, al simplificar o al hacer ese tipo de omisiones, nos quita mucho de lo que podemos señalar. La ausencia ofrece poca evidencia.

Todas nuestras predilecciones biológicas y sociológicas se las podemos atribuir, por mucho, al hecho básico de que nuestra especie ha vivido la mayor parte de nuestra existencia en un mundo repleto de gran escasez e incertidumbre. No sabíamos cuándo nos toparíamos con un mamut, no sabíamos si la siguiente cosecha sería fructífera y no sabíamos si nuestra aldea sería invadida por la tribu que se encontraba al otro lado del río. Necesitábamos almacenar, acumular y hacernos de nuestras reservas para protegernos contra lo desconocido. La adición era de mayor relevancia. Nos ayudó a sobrevivir en este mundo desequilibrado y peligroso.

Y aunque en la actualidad el futuro sigue siendo incierto, en el último siglo lo hemos hecho mucho más inteligible, predecible y abundante.

El recurso más escaso en nuestros días, como bien aprendimos en el capítulo 1, es nuestro tiempo y atención. Hacer frente al exceso de fuerzas que compiten por obtener ambas cosas de nosotros es el desafío que nos define como ciudadanos del siglo XXI. Vivimos en un momento muy distinto a cualquier otro de nuestra historia. Y por eso no podemos permitirnos ser presas de lo complicado.

Los tres pecados de lo complicado

En nuestro caso, tenemos tres cargos contra el acusado. El primero, los mensajes complicados resultan egoístas, se utilizan como una forma de darle más importancia al emisor y para ocultar un mal desempeño. Segundo, esos mensajes son cobardes, al permitirles a los emisores ocultarse dentro y detrás de ellos. Y por último, tales mensajes son peligrosos, tanto para nuestros resultados finales como para nuestra propia vida. Analizaremos cada uno de los pecados en orden.

Egoísta

Cuando nos valemos del sostén de la complicación sencilla y superficial, al final estamos siendo egoístas. Le damos prioridad a nuestra comodidad y facilidad por encima de la del receptor. Los mensajes complicados no son empáticos con los demás y dan por hecho que el receptor puede y quiere invertir en decodificar lo que tú quieres decir.

En el mejor de los casos, este desorden da como resultado una oportunidad desaprovechada. Quizá desperdiciaste algunos dólares en anuncios que no funcionaron. Pero en otros casos más sombríos, tal egoísmo nos perjudica a todos.

Podemos ver cómo la comunicación complicada se usa en nuestra contra todos los días, tal vez, incluso ahora mismo mientras lees esto. A lo largo de un día promedio, accedemos a docenas de servicios en línea, desde desplazarnos por TikTok e Instagram o en nuestro Uber, hasta alternar entre Slack, Dropbox y Zoom al llegar al trabajo. Para usar cada una de estas plataformas, tenemos que aceptar un acuerdo de Términos de Servicio, que suele ocultarse detrás de una casilla de verificación y en un formato de letra pequeña, al configurar nuestras cuentas por primera vez. Aunque todos omitimos estos acuerdos enseguida, hay mucha información importante oculta en dichos documentos, incluyendo muchos puntos con los que probablemente no estaríamos de acuerdo. He aquí algunas de las muchas condiciones sombrías que podemos encontrar en los acuerdos de usuario:

- Facebook puede usar tu información en anuncios mostrados a otros.
- YouTube tiene acceso a tu historial de navegación.
- Pinterest puede leer tus mensajes privados.[5]

Si alguna vez llegaste a abrir alguno de estos contratos para echarle un vistazo, te habrás percatado de que son extensos, muy extensos.[6] Una encuesta sobre estas principales plataformas arrojaba que el contrato de Instagram, de 2.451 palabras, resultaba ser el más corto. El de Tinder contabilizaba 6.215 palabras, el de Spotify 8.600 palabras, y Microsoft encabezaba la lista con un desorbitado contrato de términos de uso de 15.260 palabras. Te tomaría más de una hora leer únicamente el documento completo de Microsoft, una larga espera antes de que puedas iniciar Word. Si quisieras leer todos los contratos que firmas para vivir una vida digital, necesitarías dedicar cerca de doscientas cincuenta horas de tu tiempo. Mejor traer marcatextos de más.

Este negocio astuto no solo se oculta tras la extensión, sino también detrás de la densidad de la escritura. Cuando estas se analizan en términos de legibilidad, nos encontramos con que la mayoría de estos contratos tienen un nivel de dificultad universitario, aunque el nivel promedio de comprensión lectora de Estados Unidos esté más cerca de un nivel correspondiente a sexto de primaria. Estos documentos que todos estamos obligados a aceptar se encuentran ocultos, son extensos y difíciles de leer, y en el transcurso de estos nos hacen renunciar a nuestros derechos y a nuestra privacidad. El objetivo de todas estas dificultades es meramente egoísta, con el único fin de proporcionar protección y beneficio a las empresas que los generan.

Como escribió George Orwell: «Una masa de palabras en latín cae sobre los hechos como suave nieve, desdibujando el contorno y ocultando cualquier detalle. El gran enemigo del lenguaje claro es la deshonestidad».[7] Los mensajes extensos, confusos y saturados de relleno son egoístas porque le dan prioridad al emisor, malgastando, en el transcurso, la atención, y el valioso y limitado tiempo del receptor.

Cobarde

Complicamos las cosas cuando tenemos miedo o cuando no conocemos a fondo nuestro trabajo y queremos disimularlo detrás de un muro de palabras. Nos complicamos cuando nos preocupamos de que descubran lo fraudulentos que, en secreto, pensamos que somos.

Sobrellevar una reunión difícil con un cliente mediante tácticas dilatorias hasta que finalice el tiempo es más sencillo que admitir equivocarse o no tener el conocimiento. Nos vemos tentados a lanzar palabras complicadas, estadísticas o referencias que no guardan relación alguna o un punto de vista ambiguo para salir de un aprieto. Conozco esto de manera personal. He estado en muchas reuniones con clientes donde tenemos que compartir malas noticias o enfrentar preguntas que preferiríamos evadir. Podemos aparentar que al soltar suficientes sílabas, nuestro interlocutor sentirá que obtuvo una respuesta adecuada, incluso si no fue así.

Un mensaje más complicado aumenta la ambigüedad, dando pie a que el receptor interprete lo que quiera escuchar. En la política, los candidatos sobresalen por hacer declaraciones ambiguas, las que podrás ver en las pancartas que los votantes ponen en su jardín en todo Estados Unidos durante la temporada electoral: extensos manifiestos banales sobre la libertad y la familia, la comunidad y el respeto. Tal vaguedad ayuda a los candidatos a evitar fijar posturas sobre temas que lleven al enfrentamiento, ¿y quién puede culparlos? La ambigüedad estratégica le da al votante, el receptor en este caso, la oportunidad de visualizar en el mensaje algún contenido que pueda corresponder con sus creencias sólidas. Pero ese tipo de lenguaje es solo un espejo, no un mensaje. No comunica, ni informa, ni persuade.

Esas declaraciones y esos monólogos llenos de jerga que utilizamos cuando nos encontramos contra la pared también son un reflejo de nuestras propias inseguridades. Si no conocemos nuestro trabajo o si nos preocupa no ser lo suficientemente inteligentes o capaces, podemos llegar a usar un lenguaje complicado para compensar nuestras deficiencias. Pensamos que si utilizamos las palabras de moda y los acrónimos correctos, quizá logremos engañar a la audiencia para que piense que conocemos a fondo de lo que hablamos.

Con frecuencia vemos que los grupos de «menor estatus» compensan esta apreciación de carencia utilizando más jerga que la usada por los de «mayor estatus». En un estudio de 2020 sobre trabajos académicos, los investigadores descubrieron que los autores de universidades más bajas en el popular ranking de *US News and World Report* eran más propensos a usar un lenguaje innecesariamente más complejo y acrónimos que aquellos pertenecientes a universidades de mayor prestigio.[8] Los investigadores observaron que el mismo patrón se da cuando los estudiantes de licenciatura interactúan con estudiantes de máster y cuando los abogados de los despachos de bajo y alto poder se relacionan entre sí. Incluso los aeropuertos más pequeños son más propensos a referirse a sí mismos como «internacionales» que los aeropuertos más grandes. Cuando tememos no estar a la altura, nos ponemos un disfraz aumentado.

Este tipo de lenguaje innecesariamente complicado ha sido un obstáculo para nuestra búsqueda del conocimiento y la verdad, y ha puesto en duda nuestra capacidad de confiar en expertos y líderes, lo cual conlleva a pagar un precio en nuestra era de «hechos alternativos». La literatura científica es ya notoriamente una de las escrituras más densas e indescifrables que hay, y la intersección entre el diagrama de Venn de científicos fiables con grandes comunicadores pertenece a una fracción extremadamente reducida.

Mientras investigaba para este libro, leí cientos de estudios y artículos, así que sé, de primera mano, lo denso e ilegible que puede ser este tipo de material. A veces da la sensación de que los autores quieren mantener sus ideas en secreto. Y parece que han tenido éxito en este objetivo accidental: hasta el 50 % de los artículos jamás son leídos por nadie más que por los mismos autores y editores.[9]

En 1996, el profesor de física Alan Sokal puso a prueba en qué medida se leen este tipo de estudios al enviar un artículo a una revista de estudios culturales. Sin embargo, su trabajo no estaba bien investigado ni era inteligente, se trataba de un texto sin sentido y lleno de jerga titulado «Transgresión de las fronteras: hacia una hermenéutica transformadora de la gravedad cuántica». La revista lo publicó. En los años posteriores, docenas y docenas de otros artículos falsos han pasado por el proceso de publicación, incluido uno, en 2020, que vinculaba la pandemia de COVID-19 con el consumo humano del Pokémon Zubat.[10]

Estos autores en gran medida pretendían denunciar revistas pseudoacadémicas depredadoras, pero al hacerlo también demostraron que el lenguaje puede utilizarse para enmascarar un significado verdadero. A medida que comenzamos a hacer frente al futuro de la inteligencia artificial generativa, produciendo interminables columnas de contenido, el desafío de descifrar el significado del lenguaje solo se hará más difícil.

El «academicisés» en el que estos estudios en broma se camuflaron para engañar a los editores de revistas no es el único dialecto que ha surgido en distintas industrias para poner obstáculos en torno a lo que se pretende decir. La Reserva Federal adopta un ambiguo «discurso de la Fed» para ocultar sus intenciones. Los abogados cobran precios altos para hablar en «legalés», los burócratas discuten en «oficialés», y los rascacielos están repletos de personas con trajes hablando en «corporativés». Con frecuencia, el «psicobalbuceo» y «tecnobalbuceo» tienen tanto sentido como el balbuceo de un bebé. A menudo resulta que las palabras en sí mismas no les importan: solo necesitan llenar el espacio con algo que suene bien. Con ese fin, guionistas de ciencia ficción han escrito la frase «tecnificar la técnica» en los primeros borradores de sus guiones; después, consultores científicos llenan los espacios en blanco con algún conjunto plausible de sílabas.[11]

Plausible, he ahí el secreto de lo complicado. Lo complicado nos da una salida plausible de nuestra responsabilidad hacia nosotros mismos y hacia nuestra audiencia.

Peligroso

En la fresca mañana del 16 de enero de 2003, se encendió la mecha de 3,8 millones de libras de combustible para cohetes. Unido a estos enormes motores, el transbordador espacial *Columbia* se elevó despacio, luego subió rápidamente hacia el cielo.

Después de ochenta y un segundos de estruendo, un trozo de aislamiento de espuma de unos 61 centímetros de ancho se desprendió del lateral del propulsor izquierdo, chocando, en su caída, con el ala del transbordador. Aunque nadie reparó en ello en ese momento, este pedazo de escombros, moviéndose a aproximadamente 800 kilómetros por hora, dañó la loseta protectora que permitiría al transbordador resistir de manera segura el intenso calor de la reentrada.

Una vez que el *Columbia* se puso en órbita, la NASA llevó a cabo su revisión rutinaria del lanzamiento. Los analistas detectaron la caída de los escombros y lo reportaron a la cadena de mando, y pronto se formó un equipo *ad hoc* de Evaluación de Escombros para asegurarse de que la nave y, lo más importante, los siete miembros de la tripulación estuvieran seguros.

Mientras la tripulación trabajaba con rapidez en su misión de dos semanas, los analistas en tierra evaluaban los datos. Cualquier cosa que golpee el costado de una nave espacial es problemática, pero este dilema no era nuevo para el programa del transbordador. De hecho, en el primer vuelo del transbordador en 1981, también con el *Columbia*, ocurrió un impacto similar de aislamiento de espuma contra el escudo térmico. Desde entonces, de las setenta y nueve misiones con imágenes disponibles, se pueden apreciar los escombros de aislamiento de espuma golpeando la nave en sesenta y cinco de ellas. Así, este suceso no era raro de ninguna manera, pero la NASA aún quería investigarlo. Se trataba de un hecho rutinario.

Los ingenieros de Boeing, uno de los socios de la NASA, prepararon varios informes que sumaron veintiocho diapositivas de PowerPoint.[12] Pero enterrado en lo profundo de la decimocuarta línea de la sexta página del segundo informe estaba el punto que debería haber diferenciado este incidente de los demás, pero no lo hizo: «La condición de vuelo está significativamente fuera de la base de datos de pruebas. El volumen de la rampa es de 1 920 pulgadas cúbicas contra 3 pulgadas cúbicas para la prueba» (ver figura 3.3).

¿Qué rayos significa eso? Estas líneas rígidas y llenas de jerga básicamente decían esto: mientras que antes habían analizado impactos de escombros de tres pulgadas, el trozo de espuma que golpeó el ala de Columbia (procedente de la sección de la rampa del bípode de la nave) era en realidad seiscientos cuarenta veces más grande.

Ahora, no es de poca importancia el hecho de que los datos se hayan desviado en un 64.000 %, sobre todo en el espacio. Esta advertencia debería haberse gritado a los cuatro vientos, pero en cambio, el texto estaba nublado con un lenguaje confuso y oculto en las profundidades de un informe escueto. La palabra «significativamente» en este punto era la quinta vez que aparecía en esa misma diapositiva, cada una con un significado implícito diferente. El título de la diapositiva es tanto denso como contradictorio, por el contenido de la propia diapositiva. Y el autor utiliza cuatro niveles de puntos en las viñetas, junto con tres formatos diferentes de la misma medida, antes de llegar al punto más crítico.

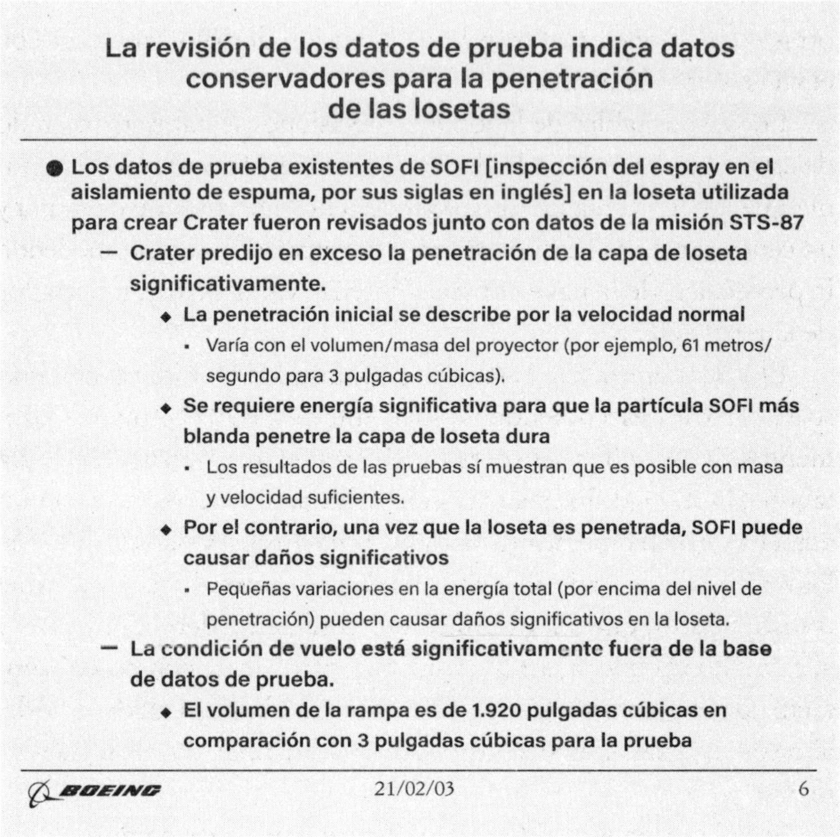

La revisión de los datos de prueba indica datos conservadores para la penetración de las losetas

● Los datos de prueba existentes de SOFI [inspección del espray en el aislamiento de espuma, por sus siglas en inglés] en la loseta utilizada para crear Crater fueron revisados junto con datos de la misión STS-87
 — Crater predijo en exceso la penetración de la capa de loseta significativamente.
   ◆ La penetración inicial se describe por la velocidad normal
     · Varía con el volumen/masa del proyector (por ejemplo, 61 metros/segundo para 3 pulgadas cúbicas).
   ◆ Se requiere energía significativa para que la partícula SOFI más blanda penetre la capa de loseta dura
     · Los resultados de las pruebas sí muestran que es posible con masa y velocidad suficientes.
   ◆ Por el contrario, una vez que la loseta es penetrada, SOFI puede causar daños significativos
     · Pequeñas variaciones en la energía total (por encima del nivel de penetración) pueden causar daños significativos en la loseta.
 — La condición de vuelo está significativamente fuera de la base de datos de prueba.
   ◆ El volumen de la rampa es de 1.920 pulgadas cúbicas en comparación con 3 pulgadas cúbicas para la prueba

BOEING　　　　　　　21/02/03　　　　　　　6

FIGURA 3.3. Diapositiva del equipo de evaluación de escombros

El informe no daba ninguna explicación de por qué estos datos eran importantes. No hacía que la información fuera relevante e imposible de omitir. No utilizaba un lenguaje claro y fácil de entender. El mensaje no comunicaba.

El mensaje debería haber activado las alarmas o, al menos, detonado preguntas. En lugar del título casi incomprensible de «La revisión de los datos de prueba indica datos conservadores para la penetración de las losetas», la diapositiva debería haber dicho: «Impacto de escombros cientos de veces mayor a la de los datos de prueba, peligro desconocido».

Por desgracia, eso no es lo que sucedió. Los datos irrelevantes de la prueba mucho más pequeña se utilizaron entonces para justificar otras conclusiones, y el mando de la misión decidió continuar con el vuelo según lo planeado.

Los responsables de la toma de decisiones se habrían enterado de esto si hubieran escuchado la advertencia, el gran trozo de espuma que golpeó el ala de *Columbia* dejó una abertura de cuarenta y un centímetros en el escudo térmico del orbitador, comprometiendo la protección de la nave contra el intenso calor de tres mil grados de la reentrada.

El 1 de febrero, a la 1.44 p.m., el transbordador inició su regreso a la Tierra, descendiendo rápidamente desde 30.480 metros. Momentos después, los sensores detectaron estrés anormal en el ala izquierda. Luego, los sensores en la rueda izquierda notaron un aumento en la temperatura. Mientras la nave sobrevolaba California, los observadores en tierra lograban observar escombros volando del transbordador, que ahora brillaba intensamente debido al estrés y al calor. Por último, a la 1.59 p.m., el control de misión perdió contacto con el *Columbia*, que se desintegró en el cielo azul de la tarde, alto sobre Texas. Los siete astronautas a bordo perecieron trágicamente.

Se perdieron vidas debido a la incapacidad de comunicar un mensaje vital de manera clara, y el vuelo espacial estadounidense quedó suspendido durante casi dos años. Este desastre marcó el principio del fin para el programa del Transbordador Espacial, que realizó su último vuelo en 2011. Los errores de comunicación también fueron parcialmente culpables del otro desastre fatal del programa, la explosión del *Challenger* en 1986.

Más cerca de nosotros, la mala comunicación puede explicar el 70 % de los incidentes en la aviación comercial. Y cuatro de cada cinco errores médicos son resultado de una mala comunicación.[13] Las empresas pierden 400.000 millones de dólares cada año debido a la mala escritura. El inversor Charlie Munger una vez dijo: «Donde hay complejidad, por naturaleza puede haber fraude y errores». No ser escuchado no es un crimen que esté libre de víctimas.[14]

Otro de los líderes empresariales más icónicos del siglo pasado, Jack Welch de General Electric, era conocido por su aversión al pensamiento y la comunicación desordenados. En una entrevista en el apogeo de su carrera, lamentó: «Los gerentes inseguros generan complejidad. Los gerentes temerosos y nerviosos usan libros de planificación gruesos y complicados y diapositivas llenas de todo lo que han aprendido desde la infancia».[15] Más adelante en esa conversación, llega a la misma conclusión que se muestra en el estudio anterior:

> Es increíble lo difícil que es para las personas ser sencillas, cuánto temen a la sencillez. Se preocupan de que si llegaran a ser sencillas, la gente pensará que son simplistas. En realidad, por supuesto, es justo lo contrario. Las personas claras y tenaces son las más simples.

Refugiarse en lo complicado puede costarles a esos ejecutivos y a sus inversores mucho dinero. Al comparar las divulgaciones financieras corporativas más legibles con las menos legibles, las malas y densas pueden disminuir la valoración de la empresa por una cantidad considerable y eludible. Todo lo demás, manteniéndose igual, bajar en legibilidad una desviación estándar por debajo del promedio, puede reducir los valores en un 2,5 %, una plaga que suma miles de millones a través de la economía.[16]

Desde cualquier punto de vista, no ser escuchado no es un crimen que no deje víctimas.

Simplificar

Un mensaje sencillo, cuando se ejecuta correctamente, es asombroso. Es ineludible. Incuestionable. Te hace decir: «Bueno, sí». No da pie a esconderse. Es refrescante. Tu cerebro brilla cuando entiendes algo con tanta claridad.

Cuando recurrimos a la psicología y la biología, la historia y la cultura, la economía y los negocios, vemos que la sencillez es la clave que desbloquea nuestra capacidad completa para conectar y realmente llegar a los demás. En una era de conexión desconectada, es lo más valioso que podemos ofrecer.

Pero no es tan fácil. Nos estamos poniendo la zancadilla, saboteándonos individual y colectivamente. Como acabamos de ver, nuestro sesgo hacia la complicación nos impide conectar y nos perjudica a todos en el proceso. Este es el villano en nuestra historia.

La segunda mitad de este libro nos ayuda a derrotar a este dragón. En esa parte, exploraremos los cinco principios de lo sencillo y luego mostraremos métodos ya probados para aplicar cada uno en nuestra propia búsqueda de auténtica comunicación, efectiva y valiosa. Comenzaremos con el cambio de mentalidad más influyente que puedes hacer.

SEGUNDA PARTE

¿Cómo hacerlo sencillo?

4

Mensajes útiles:
el agujero, no el taladro

Eh, ¿qué gano yo con estar «muyñ, muyñ tranquilo»?

BUGS BUNNY

Bip. Bip. Bip.

Esta era la nota con la que la NBC (Compañía Nacional de Radiodifusión) anunciaba el «sonido que por siempre separa lo antiguo de lo nuevo».[1] El pitido sonaba como si viniera de una pelota de playa metálica surcando el espacio. Era el sonido del *Sputnik* y era el sonido de la derrota.

Estados Unidos tuvo dificultades desde el principio en la carrera espacial, comenzando a perder fuerza cuando la Unión Soviética lanzó ese primer satélite en 1957 y quedaron nuevamente atrás cuando el primer cosmonauta, Yuri Gagarin, se convirtió en el primer ser humano en llegar al espacio en 1961.

Determinado a alcanzar a los soviéticos, John F. Kennedy, el joven nuevo presidente de Estados Unidos, envió un memorando urgente justo unos días antes de que Gagarin regresara a la Tierra. Él pidió a su equipo una solución: «¿Tenemos alguna oportunidad de aventajar a los soviéticos habilitando un laboratorio en el espacio, o haciendo un viaje alrededor de la Luna, o si lanzamos un cohete a la Luna de ida y vuelta con un hombre? ¿Existe algún otro programa espacial cuyas dramáticas promesas resulten en una que pudiéramos ganar?».

Tras algunas deliberaciones, la Administración eligió el objetivo más ambicioso: el aterrizaje del hombre en la Luna. Pero, más allá de lidiar con la ciencia espacial, enfrentaron otro problema: la falta de voluntad política. En una encuesta de Gallup esa primavera, el 58 % de los estadunidenses dijo que no quería que la mayoría del presupuesto público fuera empleado en esta empresa.[2]

Después de que Kennedy recibiera una respuesta tibia al presentar su proyecto al Congreso, su plan tuvo problemas. ¿Podría este joven líder acorralado, recién electo por un margen mínimo y sobrevenido del vergonzoso fiasco en Bahía de Cochinos, vender su idea al pueblo estadounidense?

Al año siguiente, Kennedy intentó presentar su propuesta de nuevo. En esta ocasión, reintrodujo el revolucionario proyecto frente a un público un poco mayor de cerca de treinta y cinco mil personas en la Universidad Rice de Texas.[3] En su discurso, hoy en día famoso, el presidente esbozó poéticamente el espíritu de descubrimiento y de exploración de la nación estadounidense, además de recalcar el histórico momento y, ante todo, explicar su relevancia.

Nos embarcamos en este nuevo mar porque hay nuevos conocimientos que alcanzar, y nuevos derechos que conquistar, y estos deben ganarse y utilizarse para el progreso de todas las personas. Porque la ciencia espacial, como la ciencia nuclear y toda la tecnología, no tienen conciencia propia.

Si se convertirá en una fuerza para el bien o para el mal dependerá del hombre, y únicamente si que Estados Unidos ocupa una posición preeminente podremos ayudar a decidir si este nuevo océano será de paz o del aterrador nuevo teatro de la guerra…

Pero ¿por qué, algunos preguntarán, la Luna? ¿Por qué escoger esta como nuestro objetivo? Y aquellos también podrían preguntar ¿por qué escalar la montaña más alta? ¿Por qué, hace treinta y cinco años, volar sobre el Atlántico?…

Elegimos llegar a la Luna. Escogemos ir a la Luna en esta década y llevar a cabo las otras cosas, no porque estas sean fáciles, sino porque son difíciles, y porque nuestra meta servirá para organizar y mesurar lo mejor de nuestras energías y habilidades, porque este desafío es uno de los que estamos dispuestos a aceptar, un reto que no estamos dispuestos a posponer, con el que pretendemos ganar, y los demás también.

Hay algo único en este discurso que lo hace tan efectivo como retórico y es que es, en esencia, una presentación de ventas. En otras partes del discurso, Kennedy habló sobre motores de cohetes, aleaciones de metales, sistemas de orientación y también mencionó los dólares y centavos de los salarios y la facilidad de los costes. Pero esa no es la parte que recordamos. En cambio, la parte que conmovió el corazón del pueblo estadounidense fue sobre algo más, los beneficios, las razones del porqué.

¿Cuál es el beneficio de alcanzar la Luna? Para unos, obtendremos «nuevos conocimientos», reclamaremos «nuevos derechos» y haremos que la ciencia sea una «fuerza necesaria para el bien». Este proyecto «organizará y mesurará lo mejor de nuestras energías y habilidades». Pero lo más importante de todo, aterrizar en la Luna, significará «ganar». En un tiempo en que el mundo era como una especie de partida de ajedrez global de los estadounidenses contra todos los demás, quedarse estático era más provocador que la promesa de la victoria.

El mensaje funcionó y el presidente Kennedy logró un acuerdo. Durante los próximos años, Estados Unidos se comprometería a destinar 25.000 millones de dólares al programa Apolo, aproximadamente 160.000 millones de dólares en el cambio actual, uno de los proyectos más caros que alguien haya emprendido jamás, en ningún lugar, nunca. En consecuencia, el 20 de julio de 1969, todo ese dinero, motivación y el genio de la ingeniería dieron sus frutos para que Neil Armstrong y Buzz Aldrin se convirtieran en los primeros seres humanos en poner un pie en la superficie lunar, plantando una bandera estadounidense como señal de victoria en la carrera espacial.

Por qué importan los beneficios

Volvamos de la Luna.

Desde primaria aprendemos que conocemos el mundo a través de nuestros cinco sentidos. Lo que vemos, escuchamos, sentimos, olemos y saboreamos constituye cómo nos movemos por este planeta. El cielo es azul, el trueno es ruidoso, el verano es cálido, las flores huelen bien y los caramelos saben dulces. Hay demasiadas cosas buenas para nuestra vida ahí fuera.

Así que, naturalmente, cuando queremos compartir con la gente algo, nuestro camino anticipado es sintonizar el mundo con los sentidos y describir los hechos. Usamos nuestra vista para ver la nueva televisión que compramos para maravillarnos con sus colores brillantes y nos entusiasmaremos con los asientos con calefacción de nuestro coche o elogiaremos el aroma mentolado del nuevo tubo de pasta de dientes recién abierta.

Estos detalles describen verdades tangibles. Colorean una imagen del mundo tal como es. Pero cuando tenemos la tarea de motivar a las personas a actuar, no podemos confiar todo a nuestros sentidos, pues son tan solo la mitad de la ecuación. Si de verdad queremos conmover a las personas, debemos profundizar en lo que nos motiva. Y resulta que hay un plano secreto para desarrollar mensajes sencillos y efectivos para lograr justo eso.

En la primera parte de este libro, aprendimos por qué la sencillez es efectiva y en esta parte veremos el cómo, equipándonos con un kit de herramientas que nos apoye a llegar hasta allí. Para comenzar vamos a examinar nuestras motivaciones.

El taladro

Vamos a suponer que trabajas para una gran compañía de herramientas. Todos los días entras, pasas por las líneas de ensamblaje del de la planta baja y subes las escaleras hacia tu oficina. Entonces, te acomodas en tu escritorio y ves tu primera tarea del día: crear un anuncio para la nueva línea de taladros inalámbricos de la empresa.

Equilibrada por su pesada batería, esta herramienta naranja y negra brillante descansa sobre tu escritorio y la tomas para apreciarla más de cerca. Los ingenieros han trabajado mucho para sacarle más provecho a su motor, y cuando aprietas el seguro puedes sentir cómo gira su poderoso mecanismo. Al fondo del pasillo, el equipo de diseño ha probado cientos de mangos para encontrar el más ergonómico. Haces un par de rápidas anotaciones y, después de pensarlo detenidamente por unos minutos, escribes: «Ahora con un 20 % más de potencia, con un nuevo mango de silicona ultrasuave y una duración mejorada de la batería de ocho horas, el Simple Drill 3000 es la mejor herramienta para el hogar y para los trabajadores de la construcción». Parece lo suficientemente bueno, enviemos el anuncio a la imprenta.

Después de todo, estas afirmaciones son verdaderas, el producto es mejor de lo que parece. Pero el anuncio es terrible.

Es una publicidad que no comprende por qué la gente compra taladros. Es un mensaje que viene naturalmente al abrir la ventana de los cinco sentidos, tener en cuenta algunos factores, agregar unas chispas de color y ver qué es lo que resulta.

No compramos taladros porque estos tengan un mejor motor, un mango cómodo o su batería tenga mayor vida.

¿Por qué compramos esta herramienta? El legendario profesor de marketing, Theodore Levitt expone la razón: «La gente no quiere comprar un taladro de un cuarto de pulgada. ¡Quiere un agujero que mida un cuarto de pulgada!».[4]

Tan solo el año pasado, consumidores de todo el mundo compraron 10.000 millones de dólares en taladros eléctricos. Pero ni uno solo de estos clientes quería un taladro, querían un agujero.

Lo que experimentamos con nuestros cinco sentidos —el tamaño del taladro y la forma, su modo de operar y sus funciones— es importante únicamente porque nos ayuda a obtener lo que queremos. No queremos el objeto, queremos lo que el objeto hace por nosotros. Entender esto es el primer paso en nuestro plano.

¿Qué queremos en el fondo?

La imagen del taladro y el agujero es una verdad fundamental sobre cómo tomamos nuestras decisiones. Cada vez que alguien ha intentado obtener una reacción tuya, ya sea para comprar un producto, votar por un candidato, donar para una causa, o, incluso, sacar la bolsa de basura, una voz en tu cabeza está haciendo una pregunta: «¿Qué hay para mí en esto que estoy haciendo?», algunas veces el «yo» es nosotros mismos, y otras veces, significa nuestra comunidad.

Por momentos, esa voz es un grito; en otras ocasiones, una voz que habla o, sencillamente, un susurro.

En última instancia, solo hacemos cosas porque, de alguna manera, queremos el resultado de ese objeto.

En todas nuestras elecciones buscamos los beneficios, no las características. Las características existen en los cinco sentidos. Los beneficios resultan del cómo esas características aportan valor a nuestra vida. Cuando enmarcamos nuestro mensaje alrededor de los beneficios, le estamos expresando a las personas por qué les debería importar.

La buena noticia es que podemos descubrir fácilmente los beneficios de cualquier cosa si estamos tratando de promocionar algo, tan solo haciendo la pregunta: «¿Y qué?». El taladro tiene una batería más duradera, ¿y qué? El automóvil tiene asientos con calefacción, ¿y qué? La pasta de dientes tiene un sabor mentolado, ¿y qué?

La batería más duradera del taladro significa que puedes hacer muchos más agujeros sin parar. Los asientos con calefacción del coche representan que puedes mantener tu trasero caliente y cómodo. El sabor mentolado de la pasta de dientes equivale a que tendrás un aliento más fresco.

Estas características ya son más vívidas y atractivas que cuando solo las estábamos nombrando. Pero he aquí lo que los comunicadores más efectivos hacen: vuelven a hacer la pregunta: «¿Y qué?».

Tener una batería más duradera significa que podrás abrir más agujeros sin parar, lo que equivaldrá a que más pronto podrás colocar las fotografías del álbum familiar que tanto te gustan en esa pared. Los asientos con calefacción del coche indican que tendrás el trasero caliente y cómodo y, en consecuencia, tendrás un viaje relajante y más agradable. La pasta de dientes mentolada indica que tu aliento estará fresco y, por esto, darás una muy buena impresión en esa primera cita.

Con estos cambios, se vislumbran los beneficios. Estos aspectos no son solo puntos sobresalientes en un folleto, son las llaves para que tengamos una vida mejor. Ahondar en ellos nos ayudará a conectar más profundamente con nuestro público.

A estas dos capas las llamamos los «beneficios funcionales» y «beneficios emocionales». En un primer nivel, los beneficios funcionales describen qué cambios en el mundo objetivo pueden ocurrir como resultado de lo que estás ofreciendo: ¿cuál es la ventaja que le ofreces al receptor? En el segundo nivel, los beneficios emocionales describen qué cambios hay en un mundo subjetivo para el receptor: ¿cómo pueden mejorar a partir de estas características?

Veamos un ejemplo de cómo funciona esto en otro terreno, en el complicado campo de la salud pública. Varios estudios han demostrado repetidamente que el alto consumo de refrigerios calóricos, los que coloquialmente conocemos como «comida basura», no son solo malos para nuestra salud, sino que pueden tener serias consecuencias en nuestra infraestructura médica colectiva. Algunas estimaciones del coste que pagamos por nuestra adicción a la comida basura ascienden a 50.000 millones de dólares al año (aunque mi placer culpable favorito, los *pretzels* de Auntie Anne's, bien podrían valer la pena).

Con las apuestas así de altas, todo lo que logremos hacer para disminuir nuestro consumo de comida basura podría tener un gran impacto. Por ello, gobiernos alrededor del mundo han enfocado sus fuerzas en esta dirección. En Filadelfia, los legisladores instituyeron un impuesto a las bebidas altas en azúcar, lo que ha logrado que su consumo disminuya en un promedio del 22 %. En México, un impuesto similar redujo su consumo en un 12 %. Considerando que los adultos estadounidenses ingieren setenta y siete gramos de azúcar al día (hasta tres veces del total recomendado), estas cifras son significativas.[5]

En un estudio de 2022, investigadores de Oxford y Cambridge entrevistaron a miles de personas en el Reino Unido sobre una hipotética política perfilada a reducir el consumo de la comida basura, con la finalidad de ver cómo los distintos tipos de mensajes influirían en la respuesta pública.[6] Los encuestadores descubrieron que el apoyo a la iniciativa variaba significativamente dependiendo de en qué medida el mensaje se enfocaba en los beneficios.

En el primer grupo, el de control, se expusieron solo los factores de la política ficticia para bosquejar un nivel base de apoyo. Su estímulo fue *Imagina que el gobierno está considerando una nueva política para incrementar el precio de la comida alta en calorías en un 10% para ayudar a las personas a comer menos.*

Exclusivamente, y por decisión propia, el 37% de las personas entrevistadas apoyaron la iniciativa tal como se les presentó.

Después, los investigadores plantearon la iniciativa un poco distinta, preguntando a otro grupo sobre la misma propuesta de política, pero en esta ocasión, incluyendo el resultado anhelado, el cual se podía rastrear en un beneficio funcional en nuestro modelo: *Imagina que el gobierno está considerando una nueva política para incrementar el precio de la comida alta en calorías en un 10% para ayudar a las personas a comer menos. Las investigaciones han demostrado que la introducción de esta nueva política reducirá el número de alimentos con altas calorías en el mercado.*

A pesar de esta incorporación de primer nivel, de un beneficio funcional, el apoyo continuaba siendo prácticamente el mismo, un 36%.

Entonces, con un pequeño giro en la presentación, todo cambió. En el siguiente grupo, al fin dieron en el clavo al exponer los beneficios de esta política, intercalando en su descripción tres diferentes niveles de beneficios: *Imagina que el gobierno está considerando una nueva política para incrementar el precio de la comida alta en calorías en un 10% para ayudar a las personas a comer menos.*

*Las investigaciones han demostrado que la introducción de esta nueva política ayudará a reducir la cantidad de consumo de la comida alta en calorías entre la población. Esto disminuirá, además, **el número de personas que enferman de cáncer y, por consiguiente, minimizará los costes del Servicio Nacional de Salud o los daños en el medio ambiente.***

Tan pronto como el beneficio emocional entró en la ecuación, el apoyo a esta política aumentó de un tercio a un 48 % de los encuestados. Y cuando se les invitó a responder sobre un mensaje que combinaba los tres beneficios, el apoyo al impuesto imaginario a la comida basura, ganó en un 54 %, una fuerte mayoría. Increíblemente, al cambiar unas palabras se pudo dar un giro de una propuesta poco probable a una idea ganadora; en este caso, una propuesta que, en última instancia, puede salvar vidas. Cuando los mismos investigadores estudiaron casos similares con relación al alcohol o al consumo de carne y políticas que restringieran la disponibilidad en lugar de aumentar los impuestos, ellos vieron emerger el mismo patrón una y otra vez. Exponer los beneficios y no solo las características aumenta la aceptación.

¿Qué necesitamos en el fondo?

Descubrir esas primeras capas es un buen comienzo, pero aún no hemos llegado a lo fundamental. Tenemos que desentramar los últimos deseos que nos mueven. Solo entonces revelaremos las últimas piezas de nuestro plano.

En un mundo con más de 350 millones de productos en Amazon en el mercado, podríamos pensar que hay un número infinito de deseos diferentes y de necesidades. A pesar de que tenemos en nuestras manos la increíble posibilidad de elegir, gracias al milagro del internet sin límites, en realidad, todo lo que tú o yo hemos deseado alguna vez se puede categorizar en solo cinco grandes grupos.

El psicólogo Abraham Maslow, durante la primera mitad del siglo XX, estudió el comportamiento humano y se interesó por aquello que motiva a las personas a hacer lo que hacen. Esta idea era sin duda novedosa, ya que hasta entonces el enfoque predominante de la psicología estaba relacionado con las enfermedades.

Maslow diría más tarde, sobre el padre del psicoanálisis, Sigmund Freud: «Es como si Freud nos hubiera proporcionado la mitad enferma de la psicología y nos hubiera dejado a nosotros completar la otra mitad saludable». Y en 1934, mientras indagaba, con un enfoque humanístico, sobre este nuevo estudio de la motivación, Maslow concibió una de las ideas más influyentes en las ciencias sociales: la jerarquía de las necesidades.[7]

Es probable que conozcas este modelo. A menudo se representa como una pirámide colorida o una escalera, como se muestra en la figura 4.1, y se puede encontrar en miles de libros de texto o en presentaciones empresariales, y, con justa razón, es un modelo que sigue vigente.

La perspectiva de Maslow con relación a nuestras necesidades básicas ha resistido la prueba del tiempo (por supuesto, con algunas críticas y ajustes por aquí y allá), pero con su ayuda, podemos descubrir por qué algunos mensajes actúan de la misma forma.

De acuerdo con este modelo, todos tenemos un conjunto de necesidades universales que tratamos de cumplir en nuestra vida. Todo lo que queremos se puede categorizar como necesidades fisiológicas, de seguridad, de amor y pertenencia, de estima y de autorrealización:

Autorrealización

Estima

Amor y pertenencia

Seguridad

Fisiología

Figura 4.1. La jerarquía de necesidades de Maslow

- Necesidades fisiológicas: Antes que nada, debemos cuidar nuestras necesidades biológicas. Necesitamos alimentarnos cuando tenemos hambre, tomar agua cuando estamos sedientos, tenemos que vestirnos y buscar un refugio cuando sentimos frío, debemos dormir cuando estamos cansados, o bien, tener relaciones sexuales cuando estamos fogosos.
- Seguridad: Buscamos la autopreservación y la seguridad en todas sus formas. Este aspecto abarca nuestra salud, seguridad física, seguridad emocional y financiera.
- Amor y pertenencia: Estas necesidades son las que nos hacen humanos. Anhelamos tener el amor de nuestra familia y amigos y, además, pertenecer: ser parte de un grupo. Al mismo tiempo, buscamos intimidad, confianza, aceptación y afecto.
- Estima: Nuestra necesidad de estima deviene en dos subcategorías: cómo nos vemos a nosotros mismos y cómo nos ven los demás. En la primera división, estamos buscando nuestra fuerza interior, afinar nuestras capacidades, habilidades y alcanzar nuestros logros. Luego, en la sociedad, buscamos respeto, tener buena reputación, un reconocimiento y prestigio.
- Autorrealización: En el nivel más alto de nuestras necesidades se encuentra esta amplia categoría que incluye todo lo que está relacionado con alcanzar nuestro máximo potencial. Lo mejor de nosotros, nuestra búsqueda para alcanzar grandes metas, construir y crear trabajos increíbles, crecer como personas y expresarnos creativamente. Estos logros pueden ser tan grandiosos como pintar la Capilla Sixtina o ganar un Premio Nobel, o tan cotidianos como ser un gran padre o aprender a tocar la guitarra.

En general, tratamos de satisfacer cada necesidad en el orden descrito para subir metafóricamente una escalera hacia la siguiente necesidad, pero esta progresión no es tan precisa como podría ocurrir en un videojuego, sino que tendemos a ir en desorden. De hecho, a pesar de estar representada, comúnmente, como una pirámide, Maslow nunca ilustró su jerarquía de esa manera. Sin embargo, para nuestros objetivos, solo nos interesan las categorías fundamentales en sí mismas.

Los mensajes más efectivos se reducen en una de estas necesidades sustanciales, las cuales pueden apoyarnos a identificar la segunda capa, mencionada con anterioridad, alrededor de la pregunta «¿Y qué?». Veamos cómo estas necesidades se pueden relacionar con algunos de los ejemplos que hemos presentado con anterioridad.

La batería de larga duración del taladro significa que podrás abrir más agujeros sin parar, lo que también indica que conseguirás ver más pronto aquellas imágenes del álbum familiar que tanto te gustan en esa pared y, en consecuencia, te vincularás con tus necesidades de amor y pertenencia.

Los asientos con calefacción del coche indican que tendrás el trasero caliente y acogedor y, como resultado, disfrutarás de un viaje muy relajante y confortable, lo cual te ayudará a satisfacer tus necesidades fisiológicas.

La pasta de dientes mentolada indica que tu aliento estará fresco y, por esto, darás una muy buena impresión en esa primera cita, lo que influirá para bien en tus necesidades de estima.

Lo logramos. Llegamos al fondo del asunto. Después de tres niveles de preguntas ya entendemos íntegramente por qué estos atributos importan. Y con esta idea fundamental, podemos comenzar a construir nuestro mensaje de nuevo. Los comunicadores más efectivos usan este sencillo modelo para persuadir y contar sus historias. Lo llamaremos el método «perfora y construye».

Cosecha los beneficios

El viaje que hemos emprendido hasta ahora —partiendo de los elementos que podemos ver y sentir, a través de los beneficios funcionales de primer nivel, los beneficios emocionales de segundo nivel y, por último, aterrizando en las necesidades fundacionales— nos ayuda a establecer un plan para estructurar un mensaje sencillo y convincente. La mejor parte es que no tienes que ser un genio constructor para seguir estos planes. Hagámoslo juntos.

Ejemplos de mensajes beneficiosos y no beneficiosos:

«1000 canciones en tu bolsillo»
Apple

«La música tal como quiere ser»
Microsoft

«Sé todo lo que puedes ser»
Ejército de EEUU

«Ejército de uno»
Ejército de EEUU

«Acostarse temprano y levantarse temprano hace que un hombre sea saludable, rico y sabio»
Benjamin Franklin

«El sueño juega un papel fundamental en la buena salud y el bienestar a lo largo de tu vida»
Instituto Nacional del Corazón, los Pulmones y la Sangre

Perfora, luego construye

Al igual que en un rascacielos, que se tiene que cavar profundo en la tierra para asegurar su estructura, buscamos entre todas las necesidades, la que nos apoye a anclar nuestro mensaje para establecer la dirección deseada. Y como el sótano en un edificio, no vemos esta capa desde la superficie. Para ello, podemos emplear el método «perfora y construye», como se muestra en la figura 4.2.

Volviendo a nuestro ejemplo del taladro inalámbrico. Hemos establecido que nos estamos dirigiendo a la necesidad de amor y pertenencia. No es algo que peguemos en nuestro paquete o sitio web, pero nos posibilita a escoger la dirección y el tono, aunque lo que digamos sea sentimental.

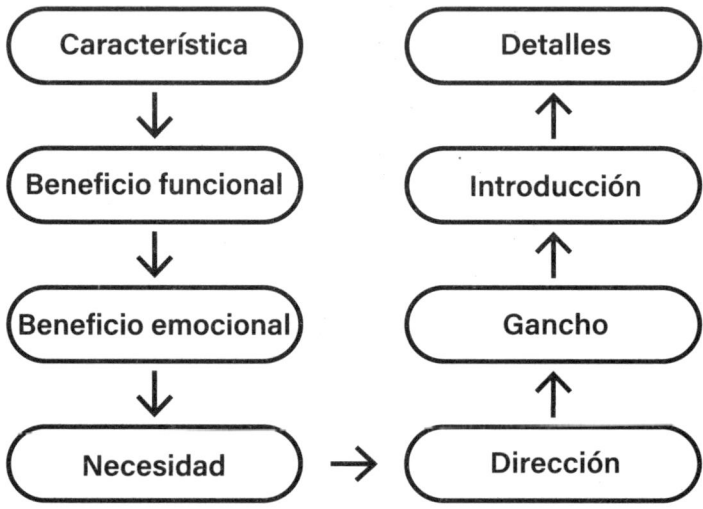

FIGURA 4.2. Método «perfora y construye»

Con esta información comenzamos a elaborar nuestro mensaje. Empezamos trabajando en nuestra base, emparejando cada nivel con cada uno de los aspectos correspondientes. Nuestro gancho, que es la primera línea de nuestro sitio web, la introducción de nuestro discurso o el titular en nuestro anuncio publicitario, se basa en un beneficio emocional. Para nuestro taladro, el beneficio emocional es que nos permite colgar las fotografías familiares más queridas en la pared. Como gancho, podríamos pensar en algo como: «Atesora tus recuerdos».

El gancho ayuda a capturar la atención de tu audiencia y, en cuestión de milisegundos, debes causar una gran impresión. Una vez hecho esto, puedes dar el siguiente paso, hacer tu introducción. Ya que despertaste el interés de tu audiencia con un gancho, ahora necesitas mantener el interés haciendo referencia al beneficio funcional.

Identificamos el beneficio funcional de la batería de larga duración de nuestro taladro como la utilidad de hacer más sin parar y con esto podemos enmarcar la introducción en una entrada del tipo: «Cuelga toda tu galería de fotos en una sola tarde con el Simple Drill 3000, con batería que dura todo el día».

Ya que captamos la atención del lector y que le explicamos qué obtiene de ello, por fin, podemos entrar en los detalles, las características del producto en sí mismas. Al atrapar la atención de la audiencia que nos interesa, descartando a aquella que no nos concierne, podemos darnos el lujo de profundizar en los detalles, mencionar, por ejemplo, que la batería del taladro es un 20 % más grande, que tiene un mango muy cómodo y una mayor potencia. Utilizando el método «perforar y construir», refinamos nuestro mensaje, lo hicimos más persuasivo y nos preparamos para vender más herramientas. Revisa las versiones antes y después de los mensajes en la figura 4.3.

Uno de estos mensajes mezcla una serie de características del producto y se confunde entre el resto del ruido de nuestra ocupada vida. El otro, en cambio, cuenta una historia sobre por qué la gente, en el fondo, quiere este producto. Ahora que conoces este modelo, lo verás en cualquier parte, en donde hacen su trabajo los grandes comunicadores.

Pero, por desgracia, en algunas ocasiones vemos cómo hasta a los más grandes jugadores se les puede olvidar esta estructura tan básica. Cuando eso pasa verás a los competidores más entusiastas, que sí lo manejan bien, pisándoles los talones y plantando batalla.

No pierdas de vista el objetivo

A medida que envejeces, te vuelves mayor, te alejas más del agujero y te enfocas en el taladro.

Las empresas y otros actores del sector pueden olvidar fácilmente qué es lo que los llevó al lugar en donde están, comenzar a dar por sentado el mensaje y quizá estar pensando: «Oye, si todo el mundo sabe quiénes somos, ¿por qué deberíamos molestarnos en invertir nuestro tiempo en contar una buena historia?».

Figura 4.3 Antes y después de utilizar el método «perfora y construye»

Desarrollar un mensaje beneficioso es a menudo más fácil cuando eres un competidor entusiasta y estás más cerca de la motivación que impulsa la historia. Echemos un vistazo a algunas marcas que han perdido el rumbo y a aquellas que están narrando mejores historias mientras les pisan los talones.

Antes de 2010 la industria de las gafas estaba estancada y era prácticamente un monopolio con un jugador mayoritario que controlaba todo, desde la producción, hasta la marca y la distribución. Irrumpiendo en escena, Warby Parker transformó ese mundo al introducir una gran variedad de monturas elegantes y económicas, además de hacer más cómoda la experiencia de compra en línea. Desde entonces, abrió una gran brecha en el mercado de las gafas, alcanzando una valoración de varios miles de millones de dólares, e incluso, dando el salto de los píxeles y los códigos a los ladrillos y al cemento, al abrir más de ciento cincuenta tiendas físicas, en el proceso, inspirando a docenas de emprendedores similares a él, atraídos por el modelo de venta directa con el consumidor, en industrias igual de estáticas.

La mayor competencia de Warby Parker es LensCrafters, propiedad del gigantesco conglomerado de gafas Luxottica. En la página de inicio de LensCrafters podemos observar cómo comunica la empresa con su primera línea: «Cuida tus ojos con nuestra amplia gama de soluciones para la visión. Elige entre una variedad de lentes de calidad y las últimas colecciones de armazones online y en tiendas, ahora». Gafas de calidad y las últimas colecciones suenan bien, pero ¿son esas las razones por las que compras las gafas que compras?

Comparémoslo ahora con la manera en la que su competidor Warby Parker lo hace: «Con gafas te ves bien y feliz, con dinero en bolsillo. Gafas, gafas de sol y lentes de contacto: tenemos tus ojos cubiertos». Te hace sentir algo, ¿verdad? Vemos los beneficios emocionales desde el principio. Compramos gafas de Warby porque nos hacen sentir «felices y atractivos».

Cambiemos a algo que muchos dedicamos mucho tiempo viendo a través de esas gafas: hojas de cálculo. Desde su introducción en 1987 Microsoft Excel es, quizá, el software más exitoso de todos los tiempos, ha servido como pilar de la empresa moderna y como una herramienta de valor incalculable para grupos de iglesias, ligas de fútbol, investigadores académicos y mil usos más.

Por desgracia, se ha vuelto tan arraigado en nuestra infraestructura que parece que Microsoft ha olvidado cómo hablar de él.

En su sitio web hay algunas de las primeras palabras que Microsoft dedica a uno de sus productos más importantes. Primero, un aspecto de distribución: «Obtenlo ahora con una suscripción a Microsoft 365». Más adelante, una característica del producto: «Mejorado con inteligencia para expertos y novatos». Estos mensajes no te dicen para qué es el producto o por qué te debería importar.

Un nuevo grupo de herramientas se está desarrollando a la par de Excel, el más notable de ellos es Airtable, creada en 2012. Además de incluir nuevas características que encajan mejor con las empresas de esta generación y sus maneras de emplear las hojas de cálculo. El superpoder de Airtable reside en su mensaje sencillo. Con esto es con lo que lidera: «Conecta todo. Alcanza lo que te propongas. Acelera el trabajo y abre el potencial con esta poderosa aplicación que conecta tu información, flujos de trabajo y equipos». ¿Te das cuenta de que comprendes enseguida cómo su producto puede ayudarte?

Es curioso, pero Microsoft no fue siempre así de aburrido. Si retrocedemos en el tiempo, a la primera publicidad de Excel, podemos apreciar que comienza así: «Presentamos Microsoft Excel. El alma de las nuevas máquinas». Y más adelante enumeran las ventajas con el texto: «Microsoft Excel puede ayudarte en formas que ninguna hoja de cálculo habría podido antes. Con una salida instantánea impresionante. Una velocidad que jamás te hará perder el ritmo. Y características que permiten que Microsoft Excel se adapte a tus necesidades y no al revés».

El tiempo y la escala pueden crear distancia entre los emisores y los receptores. Esa distancia hace que los beneficios se vuelvan a cada paso cada vez más difusos, mientras que las características continúan enfocadas. Al obligarnos a cuestionar por qué nuestro mensaje importa, podemos conectar mejor.

Algunas de las cosas que hemos descubierto aquí pueden parecer obvias. No compraste este libro porque querías un par de cientos de hojas de papel encuadernadas. Cuando pediste tu café al camarero esta mañana, sabías que querías el impulso de cafeína y no solo agua caliente vertida sobre granos de café tostados. Puedes observar el «Antes» en el anuncio del taladro de la figura 4.3 y decir: «No, nadie dice cosas como esta. Por supuesto, los profesionales lo pueden describir mejor». Pero es fácil no notar que lo obvio y lo sencillo es más difícil de lo que parece, sobre todo sin la estructura adecuada. Para ver cuántas oportunidades desaprovechadas hay en los mensajes estructurados, solo tienes que fijarte en el lenguaje real que se emplea junto a algún taladro inalámbrico de los más populares entre los millones de productos en Amazon:

El taladro/destornillador inalámbrico BLACK+DECKER 20V MAX está listo para hacer frente a reparaciones rápidas en tu hogar, proyectos que tú mismo puedes hacer y más. Usa este taladro/destornillador inalámbrico compacto sobre madera, metal y plástico. Está diseñado con 24 cambios de posiciones que te ayudan a evitar el desgaste y la sobrecarga de los tornillos, lo que te proporciona un mayor control en cada uno de tus proyectos. El mango con suave agarre te brinda la comodidad que necesitas de principio a fin, mientras que la batería recargable 20V MAX POWERCONNECT puede ser utilizada con otras herramientas que empleen el mismo sistema POWERCONNECT. [8]

Podemos hacerlo mejor. La investigación lo comprueba, la historia lo demuestra y ahora sabes cómo hacerlo. No queremos un taladro, no queremos un agujero. No queremos fotos en la pared: queremos amor y pertenencia. El taladro nos ayuda a lograrlo.

Actividad

- Verifica tus mensajes existentes. ¿Estás destacando los beneficios o las características?

- ¿Cómo mejora la vida del receptor al escuchar tu mensaje? ¿Qué problema estás resolviendo?

- ¿Qué quieres que hagan con tu mensaje? ¿Cuál es el siguiente paso?

- Pregúntate a ti mismo: «¿Y qué?», «¿y qué?», «¿y qué?». ¿Qué descubres en tu mensaje de cada nivel? ¿Qué nivel toma sentido para que te importe?

- Pon a prueba tu mensaje. ¿Cuál es la objeción más grande que podría tener tu receptor? ¿Cómo respondes a ella?

5
Mensajes enfocados: combatir la idea del Frankenstein

> No seguirás a la multitud para hacer el mal.
>
> ÉXODO

Cada semestre les dejo a mis alumnos de marketing la labor de formar agencias para trabajar en distintos proyectos grupales. En la primera tarea, deben trabajar en grupo en la elaboración de una propuesta de marca, para lo cual les doy instrucciones y traigo a otros profesionales del marketing que adopten el papel de clientes, den retroalimentación y seleccionen una propuesta ganadora.

Ahora, muchos de esos alumnos hacen un trabajo brillante. Sin embargo, siempre veo cómo estos estudiantes de licenciatura caen en el mismo error fatal que incluso los ejecutivos experimentados cometen: la idea de Frankenstein.

En la novela pionera de terror de Mary Shelley, el Dr. Víctor Frankenstein desarrolla un método para dar vida a seres inanimados y se embarca en la creación de un hombre viviente, «la Criatura».[1] Así narra el resultado: «Sus extremidades eran proporcionales, y sus rasgos le parecían hermosos. ¡Hermosos! ¡Dios mío! Pero si su piel amarilla apenas cubría los músculos y arterias debajo; su cabello era de un negro lustrado y alborotado; sus dientes, de un blanco perlado; pero estos rasgos ostentosos solo formaban un contraste horrible con sus ojos acuosos, que casi eran del mismo color que las cavidades blanquecinas en las que estaban sumidos, su tez era marchita y sus labios eran negros y rectos».

El Dr. Frankenstein seleccionó adrede esas hermosas piezas individuales de anatomía, pero cuando unió esta colección de partes disparejas, lo que trajo a la vida fue un monstruo horrendo. Cada parte hacía un «contraste horrible» con el resto, y en conjunto se veía mucho peor que cada una de sus partes.

Esta misma locura científica se da cada vez que se reúnen grupos de personas para contrastar ideas. Alguien propone la idea de usar *influencers*, otra grita «drones», los NFT y la IA llegan a la conversación, y tres diferentes *hashtags* aparecen en la pizarra. Llega la fecha límite, todo queda revuelto así sin más y el proyecto resultante es un monstruo de siete cabezas con escaso o ningún sentido.

Esto nunca funciona.

No puedes hacer todo para todos. No puedes hacer felices a todos siempre. Cada vez que lo intentes, fracasarás.

Por qué enfocarse es tan importante

Las ideas de Frankenstein están fundamentalmente desenfocadas.

Cuando tienes una observación importante, la gente no puede evitar darse cuenta. Pero cuando propones cuatro o cinco ideas, puedes perder el hilo. Cada vez que añades algo más, disminuyes el énfasis en lo existente. El trozo de pastel de suma cero de nuestra atención se hace más y más fino cada vez que se parte, como se muestra en la figura 5.1.

Sin embargo, esto no solo se trata de cierta pérdida de efectividad. Perder el enfoque es un problema que los ingenieros definen como un error catastrófico, cuando todo falla al mismo tiempo.

Si intentas hacer malabares con demasiadas bolas a la vez, no solo dejarás caer la última bola. Todas se caerán. Cuando tu mensaje no traspasa el escudo de la indiferencia o alcanza una masa crítica, no deja de funcionar un poco, sino que falla por completo. Nuestro cerebro no está conectado para poner atención a múltiples entradas simultáneas. Para casi todos, el 97,5 % para ser exactos, hacer varias cosas a la vez es un mito.[2] A menos que seamos uno de los raros «superrealizadores» que desafían dicha tendencia, desviar nuestra atención de una tarea o idea a otra perjudica nuestra capacidad de dar a cada una un desempeño adecuado.

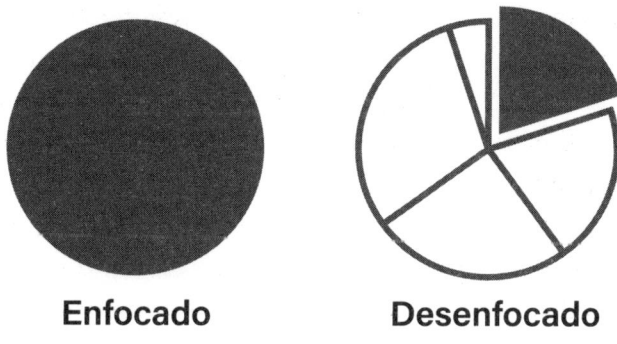

Enfocado   **Desenfocado**

Figura 5.1. La atención es suma cero

Cuando fuerzas la división de esa atención y no enfocas tu mensaje, entonces fallas en conectar del todo. Un sabio y antiguo dicho resume esto a la perfección: «Cuando persigues dos conejos a la vez, no logras atrapar ninguno».

La palabra «prioridad» es muy particular. Solo puedes hacer una tarea a la vez y, en última instancia, solo puedes hacer una cosa mejor que el resto. Las y-y-y por las que nos dejamos arrastrar tan fácil, tanto en nuestro trabajo individual como en los colaborativos, nos llevan hacia la dirección contraria. El enfoque es una batalla que debe ir cuesta arriba.

Las juntas acaban con la grandeza

Si el monstruo de Frankenstein es la creación más perversa de la literatura, las juntas son el enemigo más atroz en el mundo empresarial. La palabra en sí evoca visiones de salas de conferencias fluorescentes y *bagels* rancios, interminables llamadas por Zoom y pantallas compartidas que fallan de manera constante. La verdad, resultan difíciles de apreciar.

Se dice que el escritor G. K. Chesterton afirmó: «He buscado en todos los parques de todas las ciudades, y no he encontrado estatuas de juntas». Se dice que el funcionario británico Barnett Cocks la definió como «Una junta es un callejón sin salida donde las ideas son atraídas para luego ser estranguladas silenciosamente».

Las investigaciones muestran que las lluvias de ideas en grupo, diseñadas para desencadenar la creatividad y generar ideas, suelen generar justo un resultado contrario. Tanto en calidad como en cantidad de resultados, los individuos superan a los grupos, y por ende las reuniones tienden a empeorar cuando son más numerosas. Según algunos estudios sobre estas dinámicas, una vez que un grupo tiene más de seis o siete personas, comienza a alcanzar un límite total de las ideas compartidas durante una reunión.[3] Los introvertidos tienen dificultades para ser escuchados, y una sola persona estridente puede acaparar toda la conversación.

No me malinterpreten, la colaboración puede ser, y a menudo lo es, esencial y maravillosa, además ha sido la semilla de muchos logros increíbles en el arte, los negocios, la ciencia y en todas partes donde los humanos ponen empeño. Esta herramienta pertenece a nuestro kit, y de hecho, más adelante en este libro, hablaremos mucho sobre cómo de necesario es trabajar con otros. Pero también vamos a señalar los peligros de hacer esto mal, a lo cual somos propensos.

Las juntas, cuando carecen de objetivos claros y de liderazgo, son máquinas de mediocridad, creadoras de complicaciones. Es más frecuente que una idea brillante y simple sea eclipsada por la dinámica grupal, a que un grupo genere algo grandioso por sí mismo. El icónico publicista David Ogilvy dijo: «Las juntas pueden hacer críticas... pero nunca se les debe permitir crear».[4]

Los mensajes sencillos, por el simple hecho de tener un alto constraste y destacar entre la multitud, requieren valor. Ser valiente ya es de por sí difícil, pero es un rasgo peculiarmente difícil de encontrar en un grupo, donde todos los incentivos se centran en una apuesta segura. Los grupos son reincidentes en la medida de lo que se busca, optimizan el riesgo al mínimo y eliminan todas las partes interesantes, las partes que logran que tu mensaje funcione.

Menos es doloroso

Las «cosas» tienen quien las defienda. La ausencia de cosas generalmente no. En la sala de juntas o en el periódico a todos nos encanta señalar con orgullo una característica que acotamos, un puente que construimos o una idea a la que dimos vida. Pero en el mejor de los casos, la ausencia de algo no tiene un defensor (ver figura 5.2), y peor aún, los defensores de las cosas a menudo obstaculizan el camino, protegiendo su legado y su sueldo. Los departamentos legales prefieren que moderes tus afirmaciones, los equipos internos quieren que sus elementos se muestren en la publicidad, y los CEO quieren ver su rostro en el sitio web. Todos quieren meter sus ideas, y nadie quiere que se les mueva algo.

FIGURA 5.2. No hay evidencia de faltas

Que te recorten cosas y filtren tu mensaje es intrínsecamente doloroso. Significa que necesitas hacer concesiones, que algunas cosas se incluyan y otras no. El dolor es tanto interno como externo. Odiamos «minimizar nuestros valores». Y a nuestros colaboradores les gusta mucho más cuando sus cosas están en la categoría anterior y lucharán para mantenerlas allí. Se trata de autopreservación.

Tienes que aprender a superar ese dolor para emprender el vuelo. Para lograr un enfoque necesitas autoridad creativa, necesitas visión, necesitas entender cómo jugar a la política de contar con menos, y sobre todo, necesitas comprometerte.

Enfócate

Enfocarnos nos obliga a tomar decisiones, gestionar compromisos y vender nuestras ideas. A menudo, esto se asocia con un menor conocimiento acerca de los matices del lenguaje, la imaginería o la estructura y se acerca más a entender a las personas y sus incentivos. Para llegar a nuestro receptor, necesitamos hacer la labor interna de llegar a transformarnos en emisores enfocados.

Ejemplos de mensajes enfocados y desenfocados

«Ahorra dinero. Vive mejor» Walmart	«Sears me entiende» Sears
«A tu manera» Burger King	«Comiendo bien en el barrio» Applebee's
«La ausencia hace que el corazón se encariñe más» Folk Wisdom	«La ausencia, la comunicación, la bondad y el afecto hacen que el corazón se encariñe más» Not Folk Wisdom

Reemplaza la «y» por un «para»

Primero que nada, en nuestra lucha por la simplicidad, debemos apegarnos a una consigna: la palabra «y» es el enemigo. Y su alcance es demasiado amplio; «y» significa algo más. En su lugar, en tu planificación y pensamiento, reemplázala con un «para». «Para» significa que una idea fluye a partir de otra y que existe una relación causal directa y un linaje entre tu gran idea y la manera en que le das vida.

La meta que dice: «Vamos a desarrollar un programa de lealtad de nuestro café y lanzar una línea de tazas de café coleccionables» suena a una oración completa y gramaticalmente correcta en español. No saltan las alarmas. Nuestro cerebro la escucha y piensa: «Sí, claro, eso tiene sentido» y seguimos adelante. Pero vamos a cambiar el «y» por un «para», e intentémoslo de nuevo: «Vamos a desarrollar un programa de lealtad de nuestro café, para lanzar una línea de tazas de café coleccionables».

Suena un poco más torpe, ¿verdad? ¿Qué tienen que ver las tazas exactamente con el programa de lealtad? Una alarma se enciende en nuestra cabeza y nos damos cuenta de que estas dos cosas no están conectadas. Volviendo a la pizarra, estaríamos mejor con esta idea: «Vamos a desarrollar un programa de lealtad de nuestro café, para construir una aplicación móvil que permita a los clientes darles seguimiento a sus puntos».

Eso tiene mucho más sentido. Se trata de una idea sólida, no de tres ideas frankenstein.

Compara «Estamos elaborando una idea x y una táctica y» con «Estamos elaborando una idea x, para llevar a cabo una táctica y», como también se muestra en la figura 5.3.

«Y» es como la cinta adhesiva y el cordel que mi abuelo usaba para arreglar cosas y juntar piezas que no encajan del todo bien. Puedes unir muchas ideas que no deberían ir juntas con un «y», haciéndolas parecer, al hacerlo, «más o menos funcionales». El monstruo de Frankenstein está cosido por muchas «y».

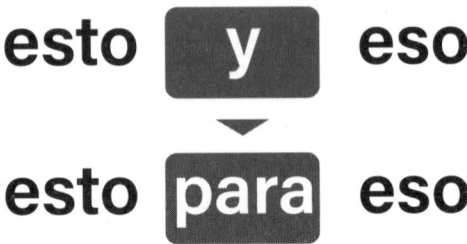

FIGURA 5.3. Sustituye «y» por «para»

Sin embargo, «para» te hace pensar. «Para» significa que necesitas desarrollar un camino claro desde la primera idea que dices hasta la segunda. Si tu historia no tiene sentido con un «para», entonces no tiene sentido.

Tener un jefe

El rock 'n' roll es un negocio complicado. Para tener éxito a largo plazo, se requiere tanto genialidad creativa como habilidades empresariales para que funcione.

Durante más de cinco décadas Bruce Springsteen ha sido posiblemente la estrella de rock más exitosa de la historia. El ganador del Grammy, Oscar, Tony, Globo de Oro y la Medalla Presidencial de la Libertad de Nueva Jersey está consagrado tanto en el Salón de la Fama de los Compositores como en el Salón de la Fama del Rock and Roll. Ahora, a sus setenta y cinco años, sigue llenando estadios y encabezando las listas de éxitos con cada nuevo álbum. Hay muchas estrellas, pero sin duda Bruuuuce (como a menudo lo llama gritando la multitud) tiene su lugar en el Monte Rushmore del rock.

En sus memorias de 2016, *Born to Run*, Springsteen discute el arduo camino que recorrió para llegar a la cima de su arte. Su primera banda, The Castiles, era enérgica pero caótica. Tenían roces por casi todo y pasaban mucho tiempo, y reiteradamente, arrestados.

Aunque tuvieron cierto éxito en los clubes locales, e incluso graba-
ron un sencillo, las cosas eran muy desorganizadas como para durar.
En última instancia, la banda tenía demasiados roqueros, pero no
suficientes líderes.

Años más tarde, después de un tiempo tocando en solitario,
Springsteen comenzó a reunir la que ahora llama «la apasionante,
la alucinante, la estremecedora, deliciosa, consumidora de Viagra,
sexual, ¡la legendaria E Street Band!». Pero a diferencia de The
Castiles, Springsteen no es parte de la E Street Band, sino que es *su*
banda. Así describe el proceso: «Al principio sabía que quería algo
más que un acto en solitario, pero tampoco una banda democrática
de un hombre de un único voto. Ya lo había hecho y no salió bien.
La democracia en las bandas de rock con muy pocas excepciones
a menudo es una bomba de tiempo».[5]

El apodo de Bruce Springsteen es «el Jefe», y con justa razón.
Él está a cargo. Es su visión creativa, él decide quién está en la banda y quién no, además es parte de su trabajo asegurarse de que todo
funcione (y que todo roquee). Su nombre está bajo los reflectores,
pero también él tiene la responsabilidad.

Demasiadas organizaciones carecen de tal autoridad. Estos grupos horizontales de alumnos de mi clase tienden a caer en esta trampa, pero también les ocurre a muchos colaboradores fuera del aula.
Cualquier grupo sin un líder o sin un proceso acordado para tomar
decisiones, y una sola persona encargada de asumir el éxito o el fracaso, puede caer muy fácil en el caos ante el primer atisbo de fricción.

La mejor manera de salir airoso de esta relajación implica establecer un liderazgo creativo. A veces es posible el consenso, pero
la mayoría de las veces alguien debe tener, al final, la autoridad para
reunir esa lista desordenada de ideas, descartar las que no funcionan
y elegir la ganadora.

Este trabajo es duro. Ser quien toma las decisiones es un trabajo ingrato. Acabas por cargar una responsabilidad enorme sobre tus
hombros para cuando las cosas inevitablemente se pongan difíciles más adelante, y cuando llegues a molestar a todos, excepto a los

contribuyentes que desarrollaron el concepto triunfador. Asumir este papel, incluso con su sufrimiento, vale la pena y es necesario para desarrollar ideas ganadoras y bien enfocadas.

El trabajo creativo y las ideas efectivas son casi siempre el resultado de influencias y colaboraciones con nuestras comunidades, equipos y el mundo que nos rodea. No existe tal cosa como el genio en solitario que crea en la nada, esa imagen es por completo ficticia. Pero lo que sí es cierto, en todas las colaboraciones efectivas, es el acto decididamente poco atractivo de la gestión. No todo puede ser ganancia, y alguien debe tomar las decisiones.

Tener un líder no significa tener un dictador; significa tener un facilitador. Un buen jefe, empoderado para tomar decisiones, ayuda a organizarnos y saca lo mejor de nosotros.

Sé claro en tus instrucciones

En el capítulo 3 aprendimos que nuestro defecto es querer y hacer más de la cuenta. Cuando nos enfrentamos a un problema, nuestro primer instinto es agregar elementos para alcanzar nuestro objetivo: Legos y cuadrados de colores en los experimentos de laboratorio, y palabras, diapositivas y páginas web en nuestro mundo profesional.

Los investigadores del estudio compartido en el libro *Subtract*, de Leidy Klotz, descubrieron un remedio infalible para solucionar esto: decirle a la gente que la sustracción está permitida.[6] En los estudios en los que los participantes modificaron estructuras de Lego, cuando los investigadores agregaron una sola línea de instrucción que le recordaba a la gente que podía quitar bloques para alcanzar su objetivo, el número de los que hicieron justo eso aumentó en 20 puntos porcentuales. Cuando llevaron a cabo el mismo tipo de experimento para sujetos que diseñaban un campo de minigolf imaginario, la proporción que utilizó la sustracción aumentó en 27 puntos. Una sutil llamada de «Oye, menos también es una opción» es suficiente para cambiar por completo nuestra forma de pensar y actuar.

Recordarle explícitamente a la gente que simplificar es una opción aumenta la disposición mental a esa idea. El *sesgo de disponi-*

bilidad describe con cuánta facilidad podemos recurrir a una idea, a un recuerdo o a un concepto. Si acabas de hacer una caminata este fin de semana, estarás predispuesto a sugerir practicar senderismo cuando te pidan que recomiendes algún ejercicio. Si eres un abogado defensor, estarás más dispuesto a decirle a un encuestador que el crimen es un gran problema en tu ciudad. En estos ejemplos, el senderismo y el crimen se muestran de fácil alcance en nuestro cerebro, son más accesibles. Cuanto mayor sea la simplicidad frente a nuestra mente, más probable será que tomemos esa herramienta y la usemos para darle solución al problema que se nos presenta.

Dile a la gente que simplificar es una opción y muéstrale cómo es de importante enfocarse, y la habrás preparado para elegir tal camino. Todo lo demás se tornará mucho más sencillo una vez que esta opción se encuentre claramente desbloqueada.

Entender las políticas

Volvamos al Jefe por un momento. Springsteen tiene una cita de sabiduría sencilla que le gusta compartir en sus conciertos: «Nadie gana sin que todos ganen».

El Jefe se refería a construir una sociedad justa y equitativa, no a la toma de decisiones corporativas, pero incluso así, el mensaje es pertinente. El valor fundamental rector para que acepten tus ideas y para el proceso a menudo doloroso de simplificar, radica en ayudar a todos a ganar. Se trata de la política 101.

Cada interesado que quieras convencer tiene motivaciones diferentes. Algunas de estas tienen mucho sentido, como el CEO que quiere quedar bien ante el consejo y el consejo que quiere que suba el precio de las acciones. Algunas no necesariamente tienen una misión nominal, como es el caso de un desarrollador que busca hacer más sencilla su labor actualizando la aplicación o un gerente que quiere algunas métricas destacadas para respaldar su ascenso. Es más, algunas motivaciones no tienen nada que ver con lo que se declara explícitamente. A veces a tu CMO no le cae bien algún ejecutivo rival o un redactor tiene una palabra de buena suerte que le gusta incluir en su trabajo. Tu labor, como agente de cambio, consiste en comprender dicho panorama y ayudar a encontrar una manera de que todos consideren tu éxito laboral como una victoria para ellos también.

Esto puede parecer algo incómodo para ciertas personas. Quizá no te guste «jugar a la política», y no eres el único. En una encuesta de la firma de reclutamiento Robert Half, el 43 % de los trabajadores prefieren «mantenerse completamente al margen».[7] Pero la política está siempre presente, te guste o no, y te afecta, participes o no. Cada vez que la gente se reúne para trabajar junta, hay motivaciones y hay política. La política es simplemente el proceso de navegar en esas aguas.

Como vicepresidente de Ogilvy, Rory Sutherland ha pasado la mayor parte de su carrera vendiendo ideas innovadoras (y a veces locas) a algunos de los clientes más poderosos del mundo. En su libro *Alchemy*, en el que aborda la magia de sus conceptos a menudo ilógicos y contraintuitivos, explica el secreto para que aprueben grandes ideas: «Recuerda que, a menudo, lo que más importa para aquellos que toman decisiones en los negocios o el Estado no es un resultado exitoso, sino la capacidad para defender las propias decisiones, sea cual sea el resultado».[8]

La mayoría de las personas en una organización grande solo busca seguridad. Quieren poder justificar sus decisiones ante sus jefes, votantes o accionistas, y vivir para ver otro día más. Quieren quitarse esa responsabilidad de la espalda. Cuando estás presentando una idea nueva y atemorizante, la idea es lo de menos, necesitas darles el permiso para correr ese riesgo.

Apóyate en la investigación y en los ejemplos de este libro o en otros de tu biblioteca. Busca estadísticas que te respalden o expertos que puedas citar. Mejora tus propias referencias y gánate la aceptación de los interesados tanto de arriba como de abajo en la jerarquía. La simplicidad significa tener menos lugares donde esconderse, pero para llegar allí necesitarás hacer que todos se sientan seguros en el proceso. Haz tu tarea, abre tu espacio y lleva a la gente de la mano.

Comprométete

Después de haber hecho todo lo anterior, y cuando hayas empoderado a un líder, preparado el terreno y jugado a la política, todavía te tocará enfrentar un último obstáculo en tu lucha por simplificar tu mensaje: tomar una decisión final. Te sentarás allí, con la opción A y la opción B mirándote desde una pantalla del ordenador, y necesitarás tomar una decisión.

No quieres tomar una decisión errónea. Tal vez estás a punto de actualizar la página principal de tu sitio web, la primera impresión crucial de tu marca para los miles de visitantes que la visitan al día. O tal vez estás a punto de emitir un cheque para gastar millones en lanzar una campaña presidencial. Los riesgos son altos, y la decisión es paralizante. ¿Cuál es el eslogan correcto? ¿Qué llamada a la acción funcionará?

Es difícil predecirlo con exactitud, pero hay una mala decisión universal: no elegir.

La inacción y la indecisión son las maneras en que llegamos a un mundo confuso y complicado donde todo es para todos, pero donde nada significa nada. Lo que importa es la acción. Toma una decisión y acéptala. Voltaire dijo: «Lo perfecto es enemigo de lo bueno».[9] En marketing, en el emprendimiento y en todas las demás instancias donde nos comunicamos, no existe la perfección. Aceptar lo «bueno» y seguir adelante es mucho mejor que quedarse en la línea de partida, temeroso de pisar el acelerador.

El acto mismo de comprometerse es parte del secreto. Un esfuerzo auténtico detrás de una idea simple pero mediocre es mejor que un intento torpe de dar vida a una idea de tipo Frankenstein. En el mundo real, más allá del imaginario de Mary Shelley, no importa cuántos voltios le apliques a esa criatura horrenda, no va a despertar.

Para el caso de esos dos conejos que podemos llegar a perseguir en vano, los entrenadores de fútbol tienen un viejo dicho: «Cuando tienes dos mariscales de campo, no tienes ninguno». No puedes entrar en un juego sin comprometerte con una decisión. No puedes tener éxito sin decisión y claridad.

Pero ¿qué pasa si a la gente no le gusta? Bueno. La diferencia entre el amor y el odio es mucho más corta que el abismo entre la apatía y la pasión. Si odian tu material, si tu mensaje les molesta, al menos les importas tú y tu idea. Romper la barrera de la indiferencia para captar la atención es recorrer más de la mitad de la batalla.

Red Bull suele tener puntuaciones miserables en las pruebas de sabor, pero ha afianzado un devoto grupo de seguidores como una de las marcas de bebidas más importantes del mundo. La Torre Eiffel fue llamada «una chimenea de fábrica a medio terminar, un esqueleto esperando ser revestido con piedras o ladrillos, una parrilla en forma de embudo, un supositorio lleno de agujeros» y ahora es el monumento más visitado del planeta.[10] Cuando te comprometes, la gente tiende a aceptarlo.

Comunicar con una idea central en la que has profundizado siempre es mejor que cinco conceptos mediocres que has unido con cinta adhesiva. Y aquí está el descarado secreto sobre esa única idea: ¡ni siquiera tiene que ser tan buena! Un concepto mediocre que ha sido ejecutado con competencia supera a una mezcla confusa de media docena de ideas brillantes sin seguimiento o conexión unificadora. Enfocarse es, en sí mismo, lo que hace que tu trabajo sea mejor.

Actividad

- ¿Cuántos conejos estás persiguiendo? Cuenta las «y» en tu mensaje. ¿Cuántas de estas se pueden eliminar?
- ¿Quién se beneficia de que tu mensaje sea efectivo? ¿Quién se beneficia del *status quo*? ¿Cómo puedes pasar a los del segundo grupo hacia el primero?
- Si tu receptor siente solo una emoción, ¿cuál sería?
- ¿Cómo de accesible es más? ¿Cómo de accesible es menos? ¿Qué puedes hacer para equilibrarlos más?

6

Mensajes destacados: las limitaciones fomentan la creatividad

> Esto es más extenso de lo habitual porque no tuve tiempo para hacerlo más breve.
>
> BLAISE PASCAL

«Dick dijo: "Mira, mira. Mira hacia arriba. Mira arriba, arriba, arriba". Jane respondió: "Corre, corre. Corre, Dick, corre. Corre y observa"».

A mediados del siglo XX, las historias de los hermanos Dick y Jane eran, en definitiva, los libros predilectos de millones de niños que aprendían a leer. Hubo un momento en el que el 85 % de las escuelas primarias estadounidenses los habían implementado en su plan de estudios.[1]

Pero a todos les disgustaban. En la revista *Life* fueron criticados por sus «insípidas ilustraciones que representaban la vida irreal de ciertos niños… Todas muestran a niños y niñas anormalmente amables e ilusoriamente limpios». Para estudiantes, padres y educadores por igual los libros eran aburridísimos, vacíos y hasta sesgados; y estos libros de contenidos tan convencionales fracasaron en su aparente objetivo de despertar el interés de los niños por la lectura.

Por otro lado, si hay alguien cuyo trabajo nunca podría haber sido catalogado de aburrido, era Theodor Geisel, más conocido por niños, y no tan niños, de todo el mundo como el Dr. Seuss. A través de sus más de quinientos mil millones de copias, de alrededor de sesenta libros o más, quizá sea el autor que ha moldeado más mentes jóvenes en la historia. Fue el primer autor que leí en mi vida, y es muy posible que también haya sido el tuyo.

Cansado de Dick y Jane, al igual que de otros libros aburridos para jóvenes lectores de ese momento, el editor de Seuss lo desafió a escribir «una historia que los niños de primer grado no puedan dejar de leer». El prolífico autor aceptó el reto y, para llevar el desafío más allá, se impuso a sí mismo una restricción: limitar el vocabulario a una lista de un par de cientos de palabras importantes para esos jóvenes lectores.[2]

No fue tarea fácil. Seuss se esforzó durante un año y medio. Como resultado, había desarrollado una historia icónica de caos, autoridad y travesuras que constaba apenas de 236 palabras diferentes.[3] Un parteaguas en el escrupuloso mundo de los sueños suburbanos de Dick y Jane: había nacido *El gato en el sombrero*, un libro adorado al instante.

Poco después de esa publicación, Seuss reiteró la apuesta. Su editor le apostó cincuenta dólares a que no podía escribir un libro utilizando apenas cincuenta palabras de su primera lista. Por fortuna, fue una mala apuesta para el editor. Después de trabajar arduamente durante otro año, en 1960 el autor publicó *Huevos verdes con jamón*, su título más exitoso de todos, el cual había ajustado a ese número total de palabras.

Al imponer restricciones en su trabajo, Seuss pudo crear obras únicas que se convirtieron en unos de los títulos más exitosos de su larga carrera, mismos que han inspirado a distintas generaciones de mentes jóvenes. Fue capaz de crear algo diferente e imposible de ignorar al arriesgar un juego distinto al de todos los demás.

Cerca del final de su vida, Seuss recapituló y se regocijó de sus logros: «Creo que una de las cosas más felices que he hecho fue deshacerme de Dick y Jane».[4] Al abrazar el poder de la fuerza creativa en nuestro propio trabajo, podemos prescindir de lo mismo de siempre y comunicarnos de maneras que son imposibles de ignorar.

Por qué destacar es importante

Los mensajes sencillos destacan, lo que significa que resaltan. Las cosas sobresalientes destacan, se levantan, sobresalen o, de alguna manera, contrastan con su entorno, y así llaman la atención.

Nuestra percepción del mundo que nos rodea está determinada en gran medida por aquello que destaca. Y lo que es sobresaliente no está determinado por el mensaje o el objeto en sí mismo, sino en cómo estos difieren de su entorno. Necesitas de ambas cosas, la figura y el fondo para lograr un contraste.

Si estás sentado en el aula y de repente se enciende una bola de discoteca, lo vas a notar de inmediato. Pero si estás en un club nocturno, quizá ni siquiera parpadearías si una de esas bolas comienza a girar. De manera similar, si ves a alguien en el bar leyendo un libro, lo notarás más rápido que si lo vieras hacer lo mismo en la universidad. Un abrigo de invierno se vería sospechoso en la playa y un traje de baño, muy extraño en la pista de esquí. Usar un lenguaje coloquial en una entrevista de negocios sería novedoso y llamaría la atención de la misma manera que utilizar una presentación de PowerPoint para un perfil de citas.

Distinguimos y a menudo elegimos lo que es diferente, como puedes observar en la figura 6.1. En la última década, todo un género de libros llegó a las listas de los más vendidos con títulos que destacan de entre las aburridas estanterías llenas de lenguaje empresarial y motivacional con *El sutil arte de que te importe un carajo*, de Mark Manson, *¡Eres un chingón!*, de Jen Sincero y *¡Deja de chingarte!*, de Gary John Bishop, entre muchos otros. El uso de palabrotas hace que los títulos sean novedosos y llamativos, logrando que los oídos de millones de personas se agudicen y salten para considerar una compra. Cuando la plataforma de criptomonedas Coinbase emitió un anuncio sorprendente por su sencillez en la Super Bowl de 2022, su código QR que rebotaba despacio en medio de un mar de espectáculos ruidosos destacó tanto que numerosos espectadores lo escanearon y la aplicación se bloqueó de inmediato. (Pero cuando todos los demás anuncios intentaron emplear la misma táctica en la transmisión del campeonato de 2023, y cuando otros miles de libros se cubrieron de palabras altisonantes, ninguno tuvo el mismo efecto).

La mejor manera de destacar es hacer algo que otros no hacen. Y la mejor manera de hacer algo diferente es jugar con reglas que otros no siguen. Esta es la increíble fuerza creativa de las limitaciones.

Figura 6.1. ¿Identificas la diferencia?

Preferimos el contraste

A veces pasar desapercibido es provechoso. Camuflarse ayuda a todo tipo de criaturas a evitar que las devoren depredadores hambrientos. Los soldados y espías usan ropa de camuflaje como una cuestión imprescindible para sus profesiones. Camuflarse hasta te puede ayudar a evitar que te molesten en algún show de comedia de *stand up*.

Pero eso no es lo que queremos como comunicadores. Queremos que nuestro anuncio, eslogan o advertencia de seguridad destaque entre el ruido y la multitud. Queremos que nos escuchen, vean y comprendan: de eso se trata, de transmitir el mensaje del emisor al receptor. Esto solo sucede cuando estamos por encima de la monotonía y creamos contrastes.

En particular cuando estamos en un entorno ajetreado, que ahora es lo cotidiano, distinguimos lo que es diferente. Los objetos que son más grandes o más pequeños, más ruidosos o silenciosos, más claros u oscuros que el resto del contexto cautivan nuestra atención y nuestra mente. Los científicos han realizado experimentos en los que modifican fotos y rastrean los movimientos oculares de los participantes con cámaras especializadas, o en los que emplean sonidos de voces similares hablando al mismo tiempo, y piden a los participantes que intenten identificar una de ellas, y en todos los casos encuentran lo que quizá esperarías según tu propia experiencia de vida:[5] la percepción y el contraste tienen una relación directa y positiva.

También tenemos una inclinación natural hacia objetos y detalles con mayor contraste. Nuestro cerebro requiere menos esfuerzo para percibir algo que resalta con nitidez que cuando tenemos que entrecerrar los ojos y mirar fijamente, como se aprecia en la figura 6.2, y esto se traduce de forma inconsciente a todo tipo de sensaciones agradables. Es probable que consideremos que las imágenes con un mayor contraste son las más hermosas y es menos factible que compremos un producto representado en texto borroso y difícil de distinguir.[6] Para que nuestros mensajes sean eficaces es decisivo que destaquen.

Figura 6.2. Preferimos el alto contraste

El enemigo del contraste

Cualquiera que haya contemplado con atención un lienzo en blanco u observado en silencio un cursor parpadeante sabe que la extensión no representa libertad, sino que alberga el abrumador peso de lo infinito. El cineasta Orson Welles dijo: «El enemigo del arte es la ausencia de limitaciones».[7]

Sin limitaciones solemos caer en nuestras rutinas creativas habituales. Podemos escribir un eslogan que suena como todo lo que hemos hecho antes o elaborar un sermón que toca las mismas notas gastadas que hemos escuchado fin de semana tras fin de semana. El psicólogo Robert Cialdini llamó a esto el fenómeno *click, whirr*, en el cual al entrar a una situación determinada, seleccionamos la «cinta» de memoria que asociamos con ella, luego es como si presionáramos el botón de «reproducir» y actuamos mecánicamente sin pensar, como si procediéramos a partir de un guion que ya conocemos.[8]

Pero una buena limitación es como una sacudida para el sistema. Puede levantar una barrera que bloquea el curso de tu rutina y te obliga a tomar un camino nuevo y desconocido. Tal vez esa desviación sea una calle lateral en una colonia totalmente diferente, o, quizá, estás descubriendo un camino nuevo. De cualquier manera, lo habitual es el fondo borroso de la monotonía que no nos beneficia en gran medida, pero la nueva ruta puede conducirnos hacia ideas frescas, innovadoras e incluso brillantes. Toma el camino menos transitado.

Agregar obstáculos te aporta otro beneficio. Cuando comprendes lo que son los límites, de formas en las que otros no los comprenden, harás cosas que los demás no pueden hacer. Los jugadores de béisbol, por ejemplo, añaden un peso en forma de dona a sus bates cuando están entrenando para poder golpear más fuerte cuando están en el plato. Los jugadores de fútbol entrenan haciendo sprints con un paracaídas en sus espaldas que los contenga para poder correr más rápido cuando se confrontan con la defensa durante el juego. La resistencia nos hace más fuertes. Las limitaciones, por tanto, ejercitan nuestro músculo creativo.

Un mundo finito

A fin de cuentas, tenemos el contundente límite de nuestra vida. El concepto estoico de *memento mori*, que en latín significa «Recuerda que morirás», nos ofrece un recordatorio urgente. Desde los más grandes artistas, los gobernantes más poderosos, hasta los personajes más destacados de nuestra época, todos son mortales. Nuestro tiempo aquí es finito, por eso tiene significado. Todo es efímero.

En el contexto de nuestra vida finita, todo lo demás encaja en su lugar. El tiempo ilimitado y la atención ilimitada no existen. Todos perderemos la mayoría de las cosas; nos iremos sin haber leído todos los libros que queremos leer, sin haber visto todas las películas que pensamos ver y sin haber viajado a todos los lugares que deseamos conocer. La sencillez respeta esta verdad.

Esta finitud se refleja en todo lo que hacemos, incluso en aparentes insignificancias, como los límites que establecemos en la cantidad de caracteres, la duración y las dimensiones de los anuncios, que ya mencionamos en nuestros argumentos a favor de la sencillez. No tenemos espacio ni tiempo para decir todo lo que queremos decir, por lo que debemos elegir lo que funciona y lo que no. Necesitamos descubrir qué queremos destacar, y por definición, la respuesta es que no puede ser todo.

Acotar nuestras limitaciones reales o autoimpuestas también nos impulsa a trabajar en el arte de lo posible, a hacer que las cosas funcionen cuando pensamos que no iban a suceder. Al desechar las ilusiones del tiempo infinito, los recursos infinitos y las oportunidades infinitas, nos vemos obligados a enfrentar los retos de nuestro trabajo y a crear ideas que sean fundamentalmente diferentes.

Destacar

Examinemos tres esferas en las que podemos utilizar el poder de las limitaciones para ayudarnos a crear mensajes sobresalientes: el espacio, el tiempo y las opciones. Cada una de estas dimensiones puede ayudarnos a emplear la presión adecuada sobre nuestro trabajo para sacarlo de la zona de la monotonía.

Limita tu espacio

Cuenta la leyenda (probablemente falsa) que el escritor Ernest Hemingway, cuyo estilo era bastante escueto y directo, fue desafiado una vez durante la comida por sus colegas escritores para narrar una historia conmovedora en una sola frase. Su cuento, que ganó sin esfuerzo alguno la apuesta, fue: «Se venden zapatos de bebé, nunca usados».

Ejemplos de mensajes destacados y no destacados

«El tabaco mata a 1.200 personas al día. ¿Has considerado tomarte un día libre?»
Truth

«Piensa. No fumes»
Philip Morris

«Ni se te ocurra aparcar aquí»
Departamento de Transporte de la Ciudad de Nueva York

«Prohibido aparcar de lunes a viernes 8.00 a. m. a 7.00 p. m.»
Departamento de Transporte de la Ciudad de Nueva York

«Es la economía, estúpido»
Bill Clinton

«No cambies de equipo en medio de la corriente»
George H. W. Bush

Y aunque es posible que Hemingway no haya sido el autor de esa breve y conmovedora historia, muchos lo consideran uno de los mejores ejemplos de escritura delimitada. En tan solo siete sencillas palabras, la historia contiene múltiples personajes, un comienzo, un desarrollo y un final y genera un universo entero de emociones. Esta historia no tendría ni remotamente el mismo poder si se contara con sesenta, seiscientas o seis mil palabras. En la brevedad está la claridad.

En el antiguo libro romano *Rhetorica ad Herennium*, obra con dos mil años de antigüedad que, hasta el día de hoy, continua en uso, se describe lo anterior como *brevitas*, el uso de una frase corta para transmitir un significado mucho más vasto: «el mínimo de palabras esenciales».[9]

Las limitaciones en nuestro espacio no son una prisión, son una estructura. Son un mecanismo que nos obliga a tomar decisiones: ¿qué se queda y qué se va? Y cuando tomamos esa decisión ellas revelan la belleza y el valor de nuestra intención.

Aunque no todas las limitaciones de nuestro entorno son tan magnánimas como la ficción literaria y los consejos de vida. X, la antigua red social conocida como Twitter, que ahora es, por desgracia, un pozo notorio de malas vibras, alguna vez representó el valor de la brevedad en la era de las redes sociales. Durante su primera década, los tuits se limitaban a solo 140 caracteres, una restricción tecnológica de sus inicios que se tradujo en la extensión de los mensajes de texto.

De ese límite emergió toda una nueva cultura de comunicación. Los usuarios eliminaron artículos y adjetivos innecesarios, acortaron palabras eliminando vocales y crearon enunciados cortos de hechos y respuestas. Lo más interesante de todo es que, dentro de estas limitaciones, los usuarios crearon de manera orgánica varias herramientas fundamentales del discurso de la era digital: el *hashtag* (#) para organizar contenido relacionado, el usuario con (@) para mencionar otras cuentas y la función de «repostear» para citar y compartir publicaciones. En 2017 Twitter duplicó la longitud de sus publicaciones a 280 caracteres, lo que al principio generó quejas por parte de los usuarios, pero que terminaron aceptando como un límite optimizado para elaborar sus mensajes. Sin embargo, hoy, aunque la plataforma continúa experimentando cambios en general, incluyendo límites de caracteres en miles, la mágica presión ha desaparecido.

Cuando limitamos la cantidad de caracteres, palabras, pulgadas o píxeles que podemos usar, encontramos formas creativas más efectivas para sacar el máximo provecho a los recursos con los que contamos. Esta es precisamente la naturaleza del haikú, el soneto y el *limerick*. Es decir, dentro de las limitantes de un formato definido, eliminamos la carga de la forma y dejamos que toda la fuerza de nuestra mente se enfoque en el contenido.

Limita tu tiempo

La ley de Parkinson, una expresión irónica acuñada por un historiador naval del siglo XX, refiere que «el trabajo se extiende tanto como el tiempo dispuesto para su realización». Cuanto más tiempo le asignemos a algo, más tiempo llevará el elaborar esa tarea. De alguna forma, como por arte de magia, cada reunión programada para una hora se extenderá hasta alcanzar una hora, incluso si el problema se ha resuelto en los primeros quince minutos. Por esto, si podemos reducir el tiempo con el que disponemos, ahorraremos ese valioso recurso infinito y nuestros resultados se reflejarán en un mejor trabajo.

Pero esta sugerencia viene con una advertencia: ni demasiada presión ni insuficiente. Cuando se trata de presión creativa, existe una zona conocida como «ricitos de oro» (porque como en el cuento, la sopa no debe estar ni muy caliente ni muy fría) en la que prosperamos, como se señala en la figura 6.3. La magia subyace en una presión media.

Una vez más, todos lo hemos experimentado en nuestra propia vida. Cuando recibimos un proyecto con una fecha de entrega muy lejana, pensamos que eso no es para nosotros, que puede ser un problema en el futuro. Nada nos obliga a hacer este trabajo, así que simplemente no lo hacemos. O comenzamos, elaboramos el primer borrador y pensamos las cosas en exceso: «Tal vez esa idea es demasiado exagerada. Quizá debería investigar más. Tal vez debería editar todo otra vez». Cuando tenemos suficiente libertad, somos propensos a complicarnos.

Por otra parte, corremos el riesgo de irnos al otro extremo: «¡Maldición!, el cliente necesita la presentación en una hora. No hay tiempo para algo nuevo. No hay tiempo para otras ideas. Solo hay tiempo para copiar y pegar o para utilizar plantillas». Cuando tenemos algo que hacer y no tenemos el tiempo suficiente o los recursos para realizarlo, entramos en modo supervivencia, el cual no nos da el suficiente espacio para brillar.

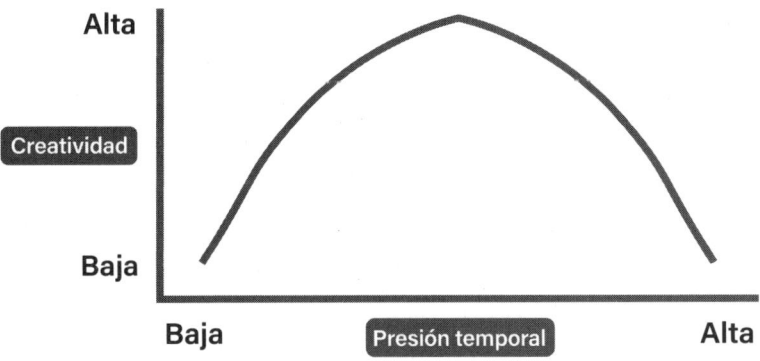

FIGURA 6.3. La relación entre la presión de tiempo y la creatividad.

Más allá de la calidad, también enfrentamos un problema de cantidad. Cuando los investigadores exploran nuestro índice en la generación de ideas, todos encuentran el mismo patrón, como se muestra en la figura 6.4.[10] Comenzamos al principio con un gran impulso de creatividad. Llenamos las pizarras. Las notas adhesivas vuelan por todos lados. Las conversaciones se entrecruzan y se retroalimentan. Luego, una vez que termina este estallido de ideas acumuladas, nuestra creatividad disminuye rápido. Después de unos cinco minutos, prácticamente hemos alcanzado nuestro límite. Las ideas nunca se agotarán por completo, pero el trabajo será más agotador, y tal vez, será mejor usar esa energía en otro lugar.

Puedes luchar contra la corriente y tener reuniones largas y tediosas. O puedes aprovechar tu creatividad y pasar a lo que sigue. Si no estás satisfecho, vuelve más tarde cuando tu reserva mental esté recargada.

Si tu entrada de información tiene una duración prolongada, obtendrás rendimientos decrecientes, y un exceso de duración en su salida te generará el mismo problema multiplicado por diez.

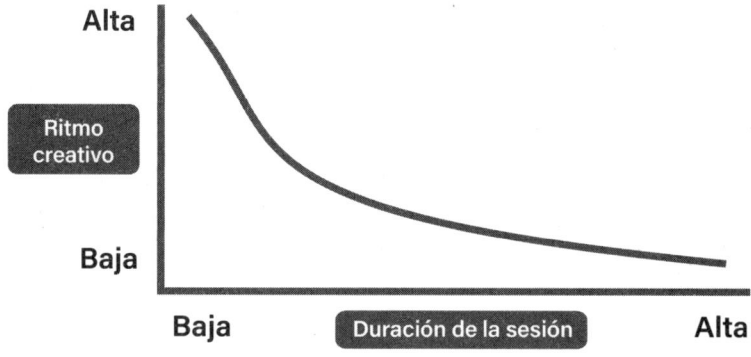

Figura 6.4. La relación entre la duración de la sesión y el ritmo creativo

Los espacios religiosos no suelen ser conocidos por su brevedad. Cuando era niño hacía cualquier cosa para evitar ir a la sinagoga durante las festividades de cuatro horas en Rosh Hashaná y Yom Kippur. (Y como adulto siento la misma aprehensión por las ceremonias interminables cuando acompaño a la familia de mi mujer para los servicios de Pascua en su iglesia católica; mis quejas no tienen ninguna afiliación religiosa). Al margen de la religión, muchas de estas reuniones presentan a muchas personas distrayéndose en lugar de conectarse con su interior. Pero en 2018, el Papa Francisco, frente a todas las personas, dijo en voz alta lo que todos pensaban: «¿Cuántas veces hemos visto a personas dormidas durante un sermón, charlando entre ellos o fuera fumando un cigarro?».[11]

Él se percató que los largos y dispersos sermones eran egoístas en última instancia. Priorizaban al emisor, no al receptor, y ciertamente no a la fe que, se suponía, estaban practicando. Los predicadores, dijo, «deben ser conscientes de que no están haciendo las cosas a su gusto, están predicando». Su solución fue: «Por favor, sé breve… no más de 10 minutos, ¡por favor!». Aunque su forma de expresarlo es contemporánea, la idea no es nueva. Quinientos años antes, otro líder religioso, Martín Lutero, tuvo la misma propuesta: «Si tuviera la oportunidad de volver a hacerlo, haría mis sermones mucho más cortos, porque soy consciente de que fueron verbosos».

Nuestros días son limitados, y la atención que tenemos en cada uno de ellos está aún más limitada. Cuando no respetamos el tiempo de nuestro receptor, ellos no respetarán nuestro mensaje.

Limita tus opciones

Antes de que la era del *streaming* liberara a los programas de televisión de las cadenas de calendarios, las temporadas de televisión tenían veinte o más episodios cada una. Había tiempo que llenar, y necesitábamos contenido para hacerlo. Pero las compañías de productoras continuaban trabajando con las limitaciones de presupuestos estrechos.

Para llenar este calendario sin quedarse sin presupuesto, los directores de las series a menudo recurrían a lo que se conoció como el formato de episodio «en botella». Estos capítulos, que daban la sensación de transcurrir en un espacio limitado como la imagen del barco dentro de una botella y que están diseñados para abaratar los costes utilizando solo un elenco y escenarios concretos, básicamente, solo lo que el equipo de producción ya tiene a la mano. Tal vez algunos personajes quedan encerrados en la oficina, atrapados en un elevador o entretenidos en una cena.

Trabajando con todas estas limitaciones los resultados de esta sobriedad a menudo terminaban siendo algunos de los episodios más icónicos de las series, incluyendo producciones tan decisivas como «El restaurante chino», de *Seinfeld*, en la que los personajes se frustran cada vez más esperando una mesa, y «El maletín», de *Mad Men*, en la cual los colegas Peggy y Don trabajan en la oficina hasta altas horas de la noche entre logros profesionales y emocionales. Al profundizar en las historias en lugar de extenderse, eliminando los costosos escenarios y estrellas invitadas, los guionistas de estas series lograron un nivel de creatividad y excelencia hasta ese momento inigualable.

Estamos en una era en la que los límites rara vez son técnicos. Aun así, quizá no haya mejores ejemplos de creativos tropezando con los límites y sobresaliendo a pesar de estas restricciones en la historia reciente, mucho más que en los primeros días de la revolución digital. La tecnología mejora de manera exponencial, y en un punto perfecciona la compra o consumo de este libro, por ejemplo, es casi seguro que para ello utilizaste un ordenador de gran capacidad, más poderoso que los superordenadores de hace solo unas décadas.

En el primer juego de Super Mario Bros la memoria era tan limitada que los desarrolladores necesitaban usar la misma ilustración tanto para las nubes como para los arbustos, pero fue un estilo artístico que se volvió tan icónico que aún puedes comprar mercancía con él casi cuarenta años después. Unos años después, el chip de sonido del Super Nintendo se limitaba a solo 64 kilobytes de memoria, 100 veces más pequeño que un MP3 que puedes reproducir hoy en día.[12] Pero ahora, la música de estas primeras bandas sonoras de videojuegos, compuestas con grandes limitantes y soluciones creativas, es tan querida que a menudo es interpretada por sinfonías y orquestas de todo el mundo. Los GIF saltarines y bailarines que usamos para reaccionar a mensajes y para expresarnos en las redes sociales son el resultado de programadores que ajustaron las imágenes bajo los límites opresivos de los primeros proveedores de correo electrónico.[13]

Las limitaciones en la potencia de procesamiento y de memoria orillaron a los primeros programadores a pensar como otro ícono de los años 80, MacGyver, personaje que escapaba constantemente de las situaciones más complicadas empleando solo clips para papel y cinta adhesiva. Estas condiciones adversas obligaron a los creadores a considerar qué es esencial y qué se puede dejar de lado. En contraste, la tecnología actual está mucho más cerca de ser infinita, y la presión creativa dirigida a aprovechar al máximo cada línea de código que se haya disipado en ese vasto espacio.

Los mejores diseñadores gráficos comienzan su trabajo en blanco y negro, y los mejores diseñadores de interfaces comienzan realizando *wireframes* (esquemas visuales) en baja resolución para simular la estructura planeada. Si tu idea funciona y tu mensaje se destaca, seguirá funcionando incluso en las condiciones más espartanas. El resto inservible alrededor de tu idea principal es solo adorno.

Considera, sin embargo, lo contrario de tales restricciones. Limitar tus opciones puede provenir, con todo, de la misma presión por querer crear más opciones. Haz lo opuesto: escribe 100 eslóganes, diseña 100 *banners* y desarrolla 100 títulos para tu libro. Ve mucho más allá del punto donde sientas que termina tu pulso creativo. La limitante de querer alcanzar un volumen tan alto de producción puede hacer que pierdas la capacidad de hacer cosas más sencillas. Si utilizaste todos los atajos en los primeros fundamentos, después te verás obligado a adentrarte en lo desconocido desde el punto de vista creativo. Lo novedoso, lo extraño y diferente está del otro lado de la norma (ver figura 6.5).

Es fácil distraerse con nuevas herramientas, grandes presupuestos y juguetes llamativos y seguirlos por un camino sinuoso hacia lo complejo. Pero esos caminos a menudo te alejan cada vez más de tu mensaje central y se apoyan en el concepto de hacer más para funcionar. Al plantearte límites y eliminar todo lo innecesario, te verás obligado a priorizar lo que de verdad importa para las personas que de verdad importan.

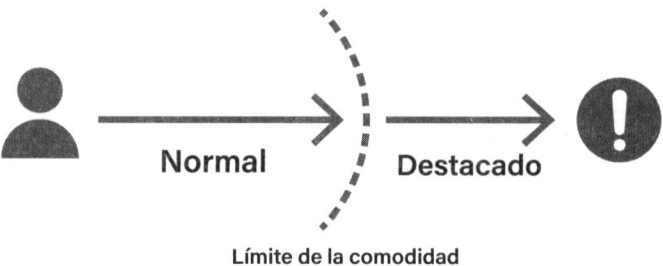

Límite de la comodidad

FIGURA 6.5. Lo destacado está más allá de la comodidad

Actividad

- ¿Cuál es tu herramienta creativa favorita más utilizada, como un software, una forma expresión o un formato de reunión? ¿Puedes crear algo sin ella?

- Observa tu campo de juego. ¿Las personas a tu alrededor están siguiendo ciertos lenguajes, estilo o determinados convencionalismos? ¿Puedes crear un mensaje que rompa con estas tendencias? ¿Qué puedes hacer de manera diferente?

- ¿Puedes describir tu idea en una página? ¿En un párrafo? ¿En una oración? ¿En una palabra?

- Programa un minuto en la alarma de tu reloj. ¿Cuántas formas diferentes para decir tu mensaje puedes encontrar antes de que suene la alarma?

- Intenta algo extraño con tu mensaje. ¿Y si tuviera que rimar? ¿Y si no pudieras usar la letra E? ¿Y si solo pudieras usar imágenes? ¿Y si solo pudieras usar palabras de una sola sílaba? ¿Y si tuvieras que decirlo como Yoda?

7

Mensajes empáticos: acepta al Idiota Iluminado

> Un niño de cinco años podría entenderlo. Envía a alguien a buscar a un niño de cinco años.
>
> GROUCHO MARX

El capitán Jean-Luc Picard tiene una labor difícil. En *Star Trek: La nueva generación*, uno de mis programas favoritos de todos los tiempos, Picard y su tripulación viajan a través de la galaxia a bordo de la nave estelar Enterprise, encontrándose con alienígenas y librando los problemas con que se enfrentan, y así semana tras semana en horario estelar.

En uno de sus episodios más conocidos, «Darmok», los protagonistas dan con una nave de una especie espinosa conocida como los Tamarianos, con quienes ha sido imposible comunicarse. Sus traductores universales de ciencia ficción fallan, y cada vez que estas criaturas con aspecto de lagarto contactan a la tripulación del Enterprise, todos se frustran por no poder entenderse. La tensión aumenta, los escudos se activan, y empiezan a surgir problemas.

Más adelante en el episodio, nos enteramos de que el idioma Tamariano se basa exclusivamente en alegorías: todo su lenguaje es un código interno. Cuando el capitán de los adversarios dice: «Darmok y Jalad en Tanagra», hace referencia a una historia de su cultura, sobre guerreros que se unen para luchar contra un enemigo común. Cuando dice: «Temba, sus brazos abiertos», está usando una metáfora sobre la generosidad, y «Shaka, cuando los muros cayeron» es un relato sobre el fracaso y la derrota. Todo lo que dicen hace referencia a sucesos relacionados con su contexto cultural e histórico. Cuando Picard y su tripulación al fin descifran, en un momento crucial, tal patrón, apenas evitan un desastre al hacer uso de sus propias historias en la Tierra sobre «Gilgamesh y Enkidu, en Uruk» y sobre «Julieta, en su balcón».

Este episodio es de gran calidad para la televisión, pero también refleja el problema con gran parte de nuestra comunicación en pleno siglo XXI. Los grupos insulares pueden desarrollar su propio lenguaje basado en referencias y suposiciones, lo que dificulta que las personas de afuera los comprendan, así se apoyen con un traductor mágico. Cualquiera que haya estado en una junta corporativa sabe que esta puede ser una sopa compuesta por letras de acrónimos y abundante terminología especializada. Este lenguaje interno puede ayudar a los grupos a trabajar y a comunicarse óptimamente: decir «KPI» es más rápido que decir «indicador clave de rendimiento» catorce veces en una sola conversación, pero deja de funcionar cuando tenemos que comunicarnos con personas que están más allá de nuestro entorno.

La comunicación efectiva se basa en un entendimiento mutuo, un terreno común de lenguaje, valores y experiencias, entre el emisor y el receptor. Solo podemos alcanzar ese nivel de conexión cuando somos sinceros y empáticos con nuestra audiencia.

Por qué la empatía importa

Podemos esquivar un rayo láser imaginario o librarnos de una llamada de ventas real y tosca al aprovechar el poder de la empatía y al ir de la mano de un personaje al que llamaremos el Idiota Iluminado.

¿Pero quién es el Idiota Iluminado? No se trata de una sola persona o un grupo de personas por separado. El Idiota Iluminado somos cada uno de nosotros al salir de nuestras burbujas.

La palabra «idiota» suena fuerte, y de hecho, la gente a menudo la usa hoy en día como un insulto, pero aquí la usamos con aprecio. Si rastreas los orígenes griegos más antiguos de la palabra, verás que significaba «hombre común», no alguien de escasa inteligencia. En cuanto a la definición de «iluminado», se refiere a estar libre de desinformación y de prejuicios. El Idiota Iluminado es aspiracional.

El Idiota Iluminado es un sustituto de todas las demás personas. No se encuentra en la sala ni en tu cabeza. Se trata de personas que no saben mucho de lo que hablan y, con franqueza, quizá no les importa mucho lo que dices. Encarnan la indiferencia ocupada de tu jefe, así como tu gentil ignorancia parecida a la de un niño de kínder. En otras palabras, son tu público.

Todos llegamos a ser, algunas veces, Idiotas Iluminados, así como todos llegamos a ser expertos algunas veces. Si fueras Jill, una brillante científica que imparte una charla TED sobre sus últimos avances en ciencias genómicas, te serviría traer a Jack, del departamento de contabilidad, a tus ensayos para ver si los entiende. Si fueras Jack, el contador estrella, planificando un seminario web sobre cómo el personal universitario debería estar organizando sus informes de gastos, traer a Jill para revisar una prueba te serviría más que si trajeras a tus otros colegas especializados en hojas de cálculo. No importa que ambos tengan grandes títulos; tanto Jack como Jill pueden llegar a ser Idiotas Iluminados.

Las personas externas ponen de manifiesto nuestras nociones preconcebidas, aportan ideas frescas y pueden sacarnos de nuestra burbuja de ignorancia. Ellos ven cosas que nosotros no, y saben cosas que nosotros desconocemos. Su receptividad y su perspectiva ilumina al resto de nosotros.

Tú no eres la audiencia

He aquí una pastilla difícil de digerir: no eres el receptor. Tu vida no es la misma que la de ellos, y lo que tú quieres no es igual a lo que ellos quieren. Tienes conocimientos, experiencias y valores que ellos no tienen, y viceversa.

Hace poco más de una década, las plataformas de redes sociales como Facebook y LinkedIn lograron algo que nunca antes se había dado en la historia de la humanidad, conectar a todos. La plaza del pueblo ahora es del tamaño del planeta, y el diverso mercado de ideas se encuentra floreciendo en él.

Pero espera: cada vez más investigaciones muestran que, en lugar de aprovechar el debate global, hemos creado nuestras propias eco-cámaras. Un estudio de 2015 que aborda las relaciones en Facebook encontró que, en promedio, solo el 20 % de los amigos de los liberales en la plataforma son conservadores, y solo el 18 % de los amigos de los conservadores son liberales.[1] A medida que TikTok ha popularizado el modelo del *feed* «Para ti», dicho aislamiento ha aumentado. Otros estudios han demostrado que a medida que usamos más estas cámaras de eco en redes sociales, más probabilidades hay de que creamos erróneamente que otras personas comparten no solo nuestras actitudes políticas, sino también los rasgos de nuestra personalidad así como nuestras motivaciones sociales.[2] Incluso, cuando, en teoría, tenemos acceso a todos, nos cuesta más trabajo aceptar el hecho de que nuestras experiencias, actitudes y habilidades no son universales.

Estos ejemplos destacan lo que los psicólogos llaman el efecto de falso consenso. En resumen, asumimos que otras personas comparten las mismas opiniones y atributos que nosotros y que somos básicamente representantes de lo popular, de lo correcto y de lo normal. Pero hay un detalle, casi siempre nos equivocamos.

En 1977, los investigadores Lee Ross, David Greene y Pamela House acuñaron por primera vez la idea anterior en una serie de estudios fundacionales, cada uno demostró que somos muy malos para intentar adivinar lo que otras personas pensarán y harán.[3] Los participantes eran propensos a pensar que más personas estarían de acuerdo con sus propias elecciones al momento de hacerles preguntas sobre impugnar multas por exceso de velocidad, aceptar ser grabados en un anuncio para un supermercado local y elegir cierto tipo de tareas para una clase. En otro estudio, los participantes llegaban a pensar que otros participantes del estudio coincidirían con ellos en cuanto a sus gustos por cierto tipo de pan o una película extranjera, que se suscribirían a las mismas revistas o, incluso, que creían, tanto como siempre, en las mismas probabilidades de que lográramos hacer contacto con extraterrestres.[4]

En un ejemplo más reciente sobre nuestra afición por las suposiciones equivocadas, los investigadores preguntaron a los participantes si una persona razonable entregaría su móvil desbloqueado a los experimentadores, y solo el 28 % dijo que sí.[5] Seguro la mayoría coincidiría en que es un disparate: nuestra información bancaria, mensajes y fotos están todos ahí. Pero cuando se les pidió a estos mismos participantes que hicieran justo eso, más del 97 % lo consintió. Una vez más, podemos aseverar que, a duras penas, nos conocemos, y por ende, sabemos mucho menos sobre las demás personas, como se muestra en la figura 7.1.

Hay varias razones por las cuales nos equivocamos de esa manera tan a menudo. Es probable que pasemos tiempo y trabajemos con personas que se parecen a nosotros, con antecedentes socioeconómicos o educativos similares. Como resultado, Dios nos hace y nosotros nos juntamos: llevamos vidas similares y tenemos puntos de vista parecidos. Esta tendencia se conoce como homofilia, y la distinguimos a través de rasgos demográficos como la edad y el género, pero también en términos de oficios e intereses. Aunque este comportamiento de grupo, sin duda, puede ser deliberado, a menudo resulta ser inofensivo y guarda relación con otros factores preexistentes, como la geografía o la dinámica familiar. De cualquier manera, tenemos que buscar ser conscientes de la manera en que este filtro moldea nuestras percepciones.

Después necesitamos considerar a la persona con la que pasamos más tiempo: nosotros mismos. Estamos más familiarizados con lo que pensamos y hacemos y tendemos a usar eso para llenar los vacíos cuando nos enfrentamos a la ambigüedad y a la incertidumbre. Además, queremos que nuestras opiniones y comportamientos sean los correctos y abordamos el mundo que nos rodea bajo ese sesgo.

Pensar que tenemos la razón requiere menos esfuerzo cognitivo que creer lo contrario. Como escribió Montesquieu: «Si los triángulos tuvieran un dios, le darían tres lados».

Todos tenemos cierto sesgo, y nuestro deber consiste en aceptar esa realidad para lograr abordarla. Nuestras perspectivas y conocimientos, si no se tienen en cuenta, serán un impedimento en la transmisión de nuestro mensaje. Necesitamos no ponernos el pie.

Figura 7.1. Vivimos en nuestras burbujas

Las burbujas deben romperse

Una verdad absoluta es que la América corporativa sigue siendo una monocultura casi absoluta, dominada por hombres blancos de ingresos medios y altos, con educación universitaria. De hecho, el 61 % de los altos ejecutivos son hombres blancos, y solo seis empresas en toda la lista de Fortune 500 tienen CEO negros.[6] Las mujeres son menos ascendidas y abandonan la fuerza laboral con más frecuencia, y casi un tercio de las veces, una mujer en un puesto de ingeniería o técnico es la única mujer en la sala. *Insiders, insiders, insiders*.

Todos padecemos debido a esta caja de resonancia. Cuando no hay diversidad de opiniones en la sala incidiendo en cómo nos comunicamos, los resultados son anuncios espantosos, que colocan a un Ashton Kutcher con la cara pintada de marrón y con un acento de Bollywood que provoca vergüenza, promocionando Popchips o una sesión de fotos de H&M de un joven negro luciendo una sudadera que dice «El Mono más fresco en la jungla». Cientos de personas fueron testigos de ambos anuncios, ahora notoriamente silenciados, antes de que salieran, y nadie les puso un freno. Si tuvieras un equipo que se pareciera al resto del mundo en lugar de ser afín entre sí, este tipo de desastre sencillamente no ocurriría.

Al margen del argumento moral, la diversidad en los equipos es buena idea desde cualquier punto de vista. Las empresas más diversas, y está comprobado, son más innovadoras, productivas y rentables. Tres de cada cuatro empleados prefieren trabajar en equipos incluyentes.[7] Y cuando nos percatamos del objetivo en la mayoría de las comunicaciones empresariales, que es impulsar el crecimiento, los beneficios de la diversidad son más notorios. Las empresas más diversas tienen un 45 % más de probabilidades de ganar cuota de mercado e incluso un 70 % más de probabilidades de acaparar nuevos mercados en su totalidad.[8] Romper tu burbuja es bien retribuido, pero si se permanece en ella, se paga un alto precio.

El mecanismo a través del cual la diversidad nos brinda tales beneficios es el mismo que permite que las instrucciones sobre la sustracción sean tan efectivas, como cuando hablamos sobre el enfoque en el capítulo 5: el sesgo de disponibilidad. Tener una gama más amplia de puntos de vista y experiencias a la mano, es decir, al alcance de la mano, aumenta la probabilidad de que tomemos y usemos tales ideas. Si, en cambio, nos quedamos en un mundo donde todos se visualizan actuando y pensando de la misma manera que nosotros, nos estamos perjudicando a nosotros y a nuestra audiencia.

Empatiza

Incorporar la empatía en nuestras comunicaciones implica que salgamos de nuestro propio espacio y asumamos la perspectiva de nuestro receptor. Esto lo podemos lograr al interactuar con nuestra audiencia e incorporar perspectivas diversas, así como cambiando nuestros modelos internos, de manera que podamos mantener a raya a las de especulaciones dañinas para, de esta manera, dar paso a una conexión más auténtica.

Prueba tu mensaje con los demás

Puedes convencerte de que todo lo que dices tiene sentido. Tienes mucha experiencia escuchando esa voz en tu cabeza y entendiendo lo que te quiere decir. Eres muy convincente porque ya estás convencido.

Pero no todo el mundo tiene esa ventaja interna al momento de descifrar tus ideas. Hasta que extraigas el mensaje de tu burbuja y lo lleves al mundo, no tendrás idea de si estás logrando comunicar lo que quieres.

Ejemplos de mensajes empáticos y no empáticos:

«Solo tienes que usar el hilo dental en los dientes que quieras conservar»
Mi dentista

«Deberías usar hilo dental para prevenir la acumulación de placa debajo de la línea de las encías»
Mi antiguo dentista

«¿Estás mejor ahora que hace cuatro años?»
Ronald Reagan

«Un equipo avalado y de confianza»
Jimmy Carter

«Cuando absolutamente, definitivamente necesita llegar al otro día»
FedEx

«¿Qué puede el café hacer por ti?»
UPS

Aquí llegamos a la herramienta más obvia y poco abordada de nuestro kit de empatía: probar tu mensaje en otras personas.

Probar tu mensaje con otros es la táctica más esencial de todo este libro, pero quizá ha sido la más ignorada. A menudo tenemos miedo de recibir retroalimentación porque la retroalimentación puede ser negativa. Además, la retroalimentación negativa es inherentemente incómoda. Pero debemos superar esa incomodidad.

Una industria entera se construye en torno a este punto. Las empresas de investigación de mercado y los encuestadores de opinión pública emplean a miles de personas para facilitar grupos focalizados y enviar encuestas. Quizá incluso tú mismo hayas estado en el lado receptor. Sin ofender a mis amigos que trabajan en este sector, pero debo decirles que la mayoría no necesitamos todo eso.

Podemos empezar con calma. Trae a un Idiota Iluminado a la sala desde otra área de tu oficina. Envía un correo electrónico a algunos amigos que sean parte de tu público objetivo y pídeles su opinión. Realiza una encuesta económica en línea o, incluso, elabora una pequeña campaña publicitaria a modo de prueba, valiéndote de cualquiera de las docenas de herramientas que se consiguen en línea para obtener retroalimentación monetizada. Hacer tan solo esta investigación limitada y no científica te dará mayor ventaja con respecto a todos los demás que temen preguntar.

Como dijimos en el capítulo 5, «Lo que importa es actuar». Tan solo con incluir a algunas personas (que se parezcan a tu público) en la conversación ya es hacer mucho más de lo que otros están haciendo. Quizá recuerdes aquellas clases de matemáticas en las que aprendías que si lo haces bien, en realidad no necesitas encuestar a un montón de personas para sacar conclusiones sobre grupos numerosos. Gallup, una de las principales compañías de encuestas en Estados Unidos, facilita, con frecuencia, información sobre los 330 millones de personas del país, con base en encuestas realizadas a solo mil personas.[9] Si estás haciendo prueba para tu próxima propuesta de venta, un puñado de Idiotas Iluminados es todo lo que necesitas.

El legendario acelerador de *startups* Y Combinator ha ayudado a compañías como Airbnb, Reddit y Dropbox a convertirse en grandes imperios multimillonarios. Cada año, cientos de emprendedores compiten con uñas y dientes por una oportunidad de ser parte del programa. Paul Graham, cofundador de Y Combinator, escribe un blog influyente que, con frecuencia, aborda temas de tecnología, los cuales esos solicitantes analizan con devoción. ¿Cuál es su consejo número uno para entrar? «Explica lo que has aprendido de otros usuarios». Continúa, «Eso demuestra muchas cosas: si le pones atención a los usuarios, cuánto los entiendes y cuánto necesitan de lo que haces».[10]

Una empresa que no se comunica con sus usuarios está encallada, y un comunicador que no habla con su audiencia está igual de indefenso.

Una advertencia para cuando hagas esta investigación: probar y usar grupos focalizados puede indicarte si algo está funcionando o no, pero no puede señalarte el camino a seguir. La gente no sabe lo que quiere, como dice la historia, quizá pedirían caballos más veloces en lugar de automóviles. En realidad, no necesitamos tanto su recomendación o su opinión como su respuesta. Míralos como una brújula, no como guías turísticos.

Aprovecha la magia de las personas externas

Los fundadores de Google se percataron de que las ideas del personal de base tenían una tasa de éxito mayor a las ideas de los puestos más altos. Wilbur y Orville Wright eran aficionados a las reparaciones y eran dueños de una tienda de bicicletas, y aun así superaron a ingenieros y a académicos en la carrera por llegar a la cima. Katalin Karikó, nacida en Hungría, hija de un carnicero y criada en un hogar sin agua corriente ni refrigerador, fue rechazada una y otra vez por sus colegas del gremio, pero su solitario trabajo en la tecnología del ARNm resultó en las vacunas contra el COVID-19 que han salvado millones de vidas.[11]

Así se trate de alguien externo por oficio, educación o biografía, una y otra vez, los externos se benefician de algo que las personas al interior no tienen: no tienen idea de lo que no deben hacer. Poseen lo que los budistas Zen llaman *shoshin*, una mente de principiante.

Los principiantes están abiertos y ansiosos, quieren aprender y sin el impedimento de las preconcepciones. La experiencia nos ayuda a crecer, pero también puede hacernos inflexibles, en nuestras formas de hacer y pensar, cegándonos para ver las ideas de los demás. En el peor de los casos, nos convertimos en seleccionadores de pautas que confirman nuestros puntos de vista y desestimamos la opinión y la evidencia que nos llevan la contraria. Los principiantes y externos no soportan este aplastante peso de desorden mental.

La renombrada firma de diseño IDEO describe a aquellos de mente amplia y externa como polinizadores cruzados, personas que pueden hacer «asociaciones y conexiones entre ideas o conceptos en apariencia no relacionados para innovar».[12] Los polinizadores cruzados combinan diferentes aspectos e ideas de formas que las personas internas en sus propios silos no logran visualizar con claridad. Toman conceptos de un área y los aplican en otro entorno completamente distinto. Estos caldos de cultivo de creatividad y conexión, generados por los externos, son la fuente de algunas de las mayores innovaciones de nuestra historia.

No des nada por hecho

Hay un refrán acerca de las suposiciones plasmado en un millón de tazas de regalo que va más o menos así: «Cuando das por hecho algo, nos haces quedar a ti y a mí como burros».

La única suposición que cualquier emisor debería hacer es la de que nuestros receptores están bien. No se levantaron hoy ansiosos por escuchar tu propuesta de ventas o aviso de seguridad. No tenían el compromiso de «ver comerciales» o «hacer clic en publicidad de redes sociales» en su agenda hoy. No planearon leer tu comunicado de prensa o visitar tu sitio web. Les importan muchas cosas, pero es muy probable que recibir tu mensaje no sea una de ellas.

Cuando asumimos lo contrario, que nuestro receptor tiene la capacidad y motivación de buscar y analizar nuestro mensaje, a veces acertamos, pero casi siempre no. El beneficio ínfimo de estar en lo correcto queda ampliamente eclipsado por el riesgo de equivocarnos y no lograr conectar en lo absoluto. Si, en cambio, procedemos con humildad bajo la expectativa imponente de ignorancia o apatía, podemos diseñar mejor los mensajes para hacerlos parte de su vida.

Necesitamos entender que nuestro conocimiento común no siempre es tan común. Cada uno posee un conocimiento que otros no, y tenemos una terrible costumbre dar por hecho nuestro propio conocimiento. Los aficionados del béisbol asumen que todos saben cuál es la posición del campocorto, y los geólogos asumen que todos saben de manera general qué son las placas tectónicas. Pero si nunca has visto un partido de béisbol o tomado una clase de ciencias, estos conceptos básicos te parecerán ajenos.

El pecado de asumir algo se presenta con mayor frecuencia en mensajes que comienzan con un «No olvides…» o «Recuerda…». Estos preceptos resultan flojos y arrogantes al mismo tiempo. No puedes olvidar algo que nunca conociste. Y aunque todos olvidamos (con este estúpido cerebro y todo), si a alguien hay que recordarle que recuerde algo, quizá no lograste, sobre todo, transmitir bien tu mensaje. Pero si eliminas ese tipo de frases y vas directo al grano, tu mensaje casi siempre será más potente.

Los diseñadores conocen desde hace mucho tiempo un fenómeno llamado «líneas de deseo», que seguro has visto al tomar un atajo informal pero transitado o al utilizar una cinta de correr como ropero (ver figura 7.2). A pesar de lo que los constructores de ese parque o cinta de correr pretendían, el usuario final quería hacer algo diferente con el diseño y crearon su propia forma de hacerlo. Cuando la Universidad Estatal de Michigan estaba diseñando su campus, lo dejó sin pavimentar. Después de que los estudiantes formaron su propia red de caminos con miles de pisadas, los planificadores se dieron cuenta y pavimentaron estas líneas de deseo. La defensora del urbanismo Jane Jacobs describió el poder que surge desde más abajo, desde la comunidad, en este tipo de líneas como «No hay lógica que pueda imponerse en la ciudad; la gente crea su propia lógica, y es a ella… a quien debemos adaptarnos».[13]

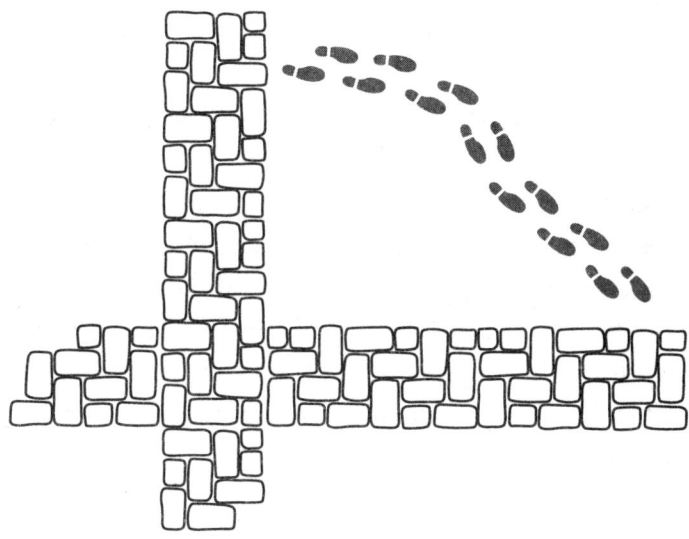

FIGURA 7.2. Líneas de deseo

Nuestra audiencia nos dirá a dónde quiere ir, solo tenemos que saber escuchar. Aprender del Idiota Iluminado mientras desarrollas y pruebas tus ideas te ayudará a encontrar esos caminos.

Háblale a un humano como humano

Hace unos años estaba en una cena con unos amigos, y uno de ellos trabajaba en una empresa cuyo nombre estaba, en ese momento, en todas las noticias debido a un desafortunado defecto en el diseño de un producto. Algunas imágenes bastante acusadoras mostraban un defecto importante y se estaban difundiendo en las redes sociales, además los conductores de los programas empresariales hablaban seriamente sobre lo que este escándalo significaba para el futuro de la empresa. Debido a estas malas noticias, alguien al otro extremo de la mesa preguntó a este amigo que cómo iban las cosas en el trabajo. La respuesta, enviada desde los jefes corporativos para que todo el personal la repitiera: «Lamentamos que estos incidentes hayan ocurrido, y…».

Todos estallamos en carcajadas. Teníamos la sensación de estar cenando junto a un comunicado de prensa. Los humanos no hablamos así. Nunca has usado «Es lamentable…» para comenzar una frase sobre tu vida, a menos que estés tratando de redactar algún mensaje formal o que los abogados te presionen para negar cualquier responsabilidad. En cambio, hablamos como humanos: «Es horrible».

En el Reino Unido, en 2018, le sucedió prácticamente lo peor que podría pasarle al gigante del pollo frito KFC: se quedó sin pollos. Debido a un desafortunado accidente en la autopista, que involucraba a su distribuidor y a una serie de otros errores logísticos, tres cuartas partes de las novecientas sucursales de la cadena de la marca en el país tuvieron que cerrar temporalmente, ya que se quedaron sin su producto base. Fue una pesadilla.[14]

Un manual conservador de relaciones públicas pediría un comunicado de prensa formal, y un hombre rígido vestido de traje y corbata se pararía frente a algunos micrófonos, explicaría la situación y se disculparía por cualquier «inconveniente». Pero así se comunica una empresa, no una persona. En cambio, KFC publicó anuncios de página completa en los principales periódicos del Reino Unido con un gráfico simple y honesto: su icónico cubo rojo y blanco, pero con un escrito en el frente que decía «FCK». En el texto al pie de la imagen, compartió más honestidad humana: «Lo sentimos. Un restaurante de pollo sin pollo. No es lo ideal». En solo un anuncio, usando un lenguaje fresco y natural, la empresa se disculpó por su «semana infernal» y transformó la narrativa mediática por completo.

Si necesitas ayuda para averiguar cómo hablar como un humano, *habla con un humano*. Intenta recurrir a un colega o llamar a tu amigo y decir lo que quieres decir. Si logras decir tu mensaje con una cara seria y no sonar como si estuvieras haciendo un doblaje, estás bien. Si te sientes incómodo al decir lo que necesitas decir en una conversación, entonces regresa al principio y trabájalo.

Al escribir sobre cómo escribir, el prolífico autor y mercadólogo Seth Godin dijo: «Nadie sufre de bloqueo al hablar».[15] Hablamos todos los días y nunca nos atascamos, pero el bloqueo del escritor es un problema para muchos. ¿Por qué? Su respuesta: «Mejoramos el habla precisamente porque conversamos». Continúa nutriendo la habilidad de la práctica diaria, la cual es un gran hábito para mejorar tu trabajo, aunque usemos este conocimiento como un atajo.

Si tu mensaje es acartonado y no se sacude las pesadas limitaciones del lenguaje corporativo, arranca la página y háblalo. Habla contigo mismo en la ducha, habla con tu pareja durante el desayuno o, mejor aún, habla con alguien que esté cerca de tu audiencia. Gracias a la virtud de los miles de repeticiones diarias, tus músculos del habla probablemente estén más fortalecidos que tus músculos de la escritura, así que úsalos.

Actividad

- ¿Qué sabe el receptor que no sabes tú? ¿Qué preguntas puede responder mejor que tú?
- ¿En qué suposición tienes mayor convicción? ¿Qué significaría si te equivocaras?
- ¿Qué palabra o idea en tu mensaje crees que se entenderá menos? ¿Puedes reemplazarla por alguna más sencilla?
- ¿Cómo suena tu mensaje para alguien con malas intenciones o para alguien que no dará el beneficio de la duda? ¿Cómo se ve en el peor escenario posible?
- ¿Cómo expresarías este mensaje a tu mejor amigo durante una cena?

8

Mensajes minimalistas: habla claro y sin decir idioteces

El arte es la eliminación de lo innecesario.

PABLO PICASSO

El 16 de junio de 2015 Donald Trump descendió por la escalera dorada hacia el vestíbulo de la torre que lleva su nombre y anunció su candidatura a la presidencia de Estados Unidos. Enseguida su discurso y carrera se convirtieron en el hazmerreír tanto de los comediantes de los programas nocturnos como de los analistas políticos más serios.

Es difícil recordarlo en retrospectiva, pero antes del anuncio de Trump, los miembros del Partido Republicano ya reconocían al grupo de diecisiete candidatos como el «más profundo y sólido» que jamás habían tenido,[1] el cual incluía gobernadores populares, senadores experimentados y otros muy respetados. El candidato favorito era Jeb Bush, hermano del último presidente republicano e hijo del anterior. Los analistas políticos también elogiaban a otros favoritos, como los senadores Marco Rubio, una estrella en ascenso de Florida, y Ted Cruz, un candidato radical de Texas, como posibles colaboradores del partido para ganar más apoyos demográficos. En el fondo, no se puede culpar a los expertos por pensar que Trump, estrella de los realities y de los medios, no iba a llegar muy lejos.

Pero toda esta carrera política cambió con una línea al final del discurso de Trump: «Lo devolveré más grande y mejor y más fuerte que nunca, para que Estados Unidos vuelva a ser grande».

El acrónimo de esas sencillas cuatro palabras finales de su discurso «*Make America Great Again*» («Que Estados Unidos vuelva a ser grande») se convirtió en su eslogan de campaña de principio a fin. Fueron inmortalizadas en llamativas gorras rojas y en el *hashtag* «#MAGA» compartido por millones y millones de perfiles en el entonces Twitter.

Esas cuatro letras fueron tan poderosas porque daban a los votantes una respuesta sencilla a la pregunta «¿Por qué apoyas a ese tipo?» La respuesta era: porque «hará que Estados Unidos vuelva a ser grande». Es una oración completa. Y, aunque su eslogan está cargado de fuertes connotaciones raciales y tiene un trasfondo histórico, es un vehículo lo suficientemente sencillo como para encajar en esas gorras y en tu cerebro sin necesidad de mayores explicaciones.

Era algo que Bush no comprendió. Su infame emblema era «¡Jeb!» y su *hashtag*, «#AllInForJeb». ¿Qué se supone que debemos hacer con esto?

Rubio tampoco lo entendió. Su eslogan era «Un nuevo siglo americano». ¿Qué demonios significa eso?

Y Cruz, mucho menos, su eslogan era «Juntos, ganaremos». Muy bien, pero ¿ganar qué? ¿Cómo? ¿Por qué?

Después de que Trump sellara su nominación, se enfrentó a Hillary Clinton en la elección general de noviembre. Una de las personas más famosas, no solo del ámbito político, sino del mundo, con un currículum que incluye cargos como secretaria de Estado, senadora de Estados Unidos y primera dama; Clinton era, entre todos los contendientes, una oponente formidable. Pero mientras ella tenía al equipo más experimentado en el sector, su campaña tuvo dificultades para articular la moción básica de su candidatura. En diferentes momentos, la campaña de Clinton utilizó los siguientes lemas: «Más fuertes juntos», «Estoy con ella», «Luchando por nosotros» y «El amor triunfa sobre el odio». Todos estos eslóganes son bonitos y cortos y lucen lo suficientemente bien en un letrero de jardín, pero son mensajes vagos y sin forma cuando se someten a interrogación interna y externa.

¿Por qué votas por tu candidato? A pesar de todo el caos posterior a la campaña y de la controvertida Administración que surgió de ella, Trump hizo una cosa bien desde ese primer día y que sus oponentes jamás hicieron: le dio a sus seguidores una respuesta sencilla.

En el otro extremo del espectro político, la corriente dominante fue sacudida una vez más solo dos años después de que Trump asumiera el cargo.

Representando a las diversas comunidades de Queens y el Bronx desde 1999, el congresista Joe Crowley era considerado, con creces, una de las figuras más poderosas de Nueva York y el favorito para convertirse en el futuro presidente de la Cámara de Representantes. Año tras año Crowley apenas tenía competencia en su escaño, ganando fácilmente diez elecciones consecutivas. Como presidente del Partido Democrático del condado de Queens, era tan influyente como se podía llegar a ser en la política estadounidense moderna.

Y en su undécima candidatura al Congreso, lo más probable era que todo saliera a su favor.

Pero 2018 no fue un año electoral común, y en todo el país, los entusiastas activistas demócratas comenzaron a desafiar a los políticos de la corriente dominante, a quienes consideraban carentes de compromiso. En Nueva York la joven candidata del Bronx llamada Alexandria Ocasio-Cortez era parte de este grupo cuando arrancó su campaña para desbancar a Crowley, enfrentándole su primer desafío en las elecciones primarias desde 2004.

Tenemos la suerte de poder acceder a una mirada íntima de la campaña de Ocasio-Cortez en el documental de Netflix de 2019, *A la conquista del congreso* (*Knock Down the House*).[2] En este, la vemos sentada en un sofá, dando un sorbo a su café, explicando su ventaja en perspectiva y los mensajes que impulsaban su campaña insurgente.

Sosteniendo un reluciente folleto de campaña de Crowley con una gran foto de su rostro en la portada, ella comenta: «Mira esto. Todos en el distrito recibieron este catálogo de Victoria's Secret de mi oponente».

Ocasio-Cortez alcanza su propia tarjeta postal mientras menciona: «No quiero echarme flores ni presumir ni nada, pero esta es la diferencia entre un organizador y una estratega».

Ahora vemos los dos materiales de publicidad uno junto al otro: la gran cara y el logotipo de Crowley a la izquierda; la pieza púrpura y blanca de Ocasio-Cortez, a la derecha. Mientras señala la suya, se desplaza desde su nombre hasta un titular con información sobre la votación y pregunta: «¿Qué estoy tratando de que la gente haga? Dos cosas, quiero que conozcan mi nombre y quiero que sepan que necesitan votar».

Retóricamente, continúa explicando: «De acuerdo, vota por ella. ¿Por qué?» y luego da vuelta la tarjeta para revelar media docena de puntos clave sin rodeos. «Poner fin a la guerra contra las drogas. Energía cien por cien renovable. Universidad pública gratuita».

Cambiando de perspectiva, Ocasio-Cortez vuelve a mostrar el folleto de Crowley y dice: «Así es como lo hace una estratega. ¿Dónde está la fecha de las primarias? Cuando ves el folleto por primera vez, cuando lo sacas por primera vez de tu buzón». No hay ninguna fecha. Ella lee lo que dice: «Haciendo frente a Donald Trump en Washington. Cumpliendo para Queens y el Bronx». Exasperada, agrega: «"Cumplir" es lenguaje especializado».

La candidata continúa la revisión del «gran y hermoso folleto», y la fecha todavía no aparece por ningún lado. Su comparación concluye: «No hay nada aquí sobre el camino que seguir. "Trump" aparece tres veces, compromisos, cero veces».

En esta secuencia de un minuto se muestra más conocimiento en comunicación de lo que muchos líderes políticos y empresariales exhiben en toda su carrera. La mayoría de los compradores, votantes y donantes solo necesitan que se les expliquen las cosas de manera directa: ¿quién eres?, ¿qué quieres y por qué debería importarme?

La fecha de las primarias que estaba extraviada en el folleto de Crowley era el 26 de junio de 2018. El día que se cerraron las urnas, esa noche, la ciudad y el país quedaron sorprendidos. Ocasio-Cortez había derrotado al titular del cargo con casi el 57 % de los votos, convirtiéndose en una sensación nacional en el proceso.

Por qué lo mínimo importa

El último de nuestros cinco principios es el minimalismo y es deliberado. En el minimalismo intentas tener solo lo que necesitas. Esta determinación únicamente puede venir después de asegurarte de que nuestra comunicación es benéfica, está enfocada, destaca entre las demás y es empática. Estas condiciones son necesarias antes de que podamos saber qué es esencial y qué no lo es.

La brevedad en longitud es un rasgo de los mensajes mínimos, pero no es su definición. La mayoría de las personas que viven con un estilo minimalista en realidad no abogan por la ausencia absoluta de posesiones; en cambio dicen que debes aceptar lo que importa y deshacerte de lo que no. Marie Kondo, a quien mencionamos por primera vez en el capítulo 2, no aboga por la idea de austeridad espartana con su método KonMari, el cual «motiva a vivir entre objetos que valoras en serio».[3]

En este caso, nos ponemos nuestro sombrero de ingeniería y tratamos a los mensajes mínimos como el desafío de diseño que representan. Nos enfocamos en evitar las salidas innecesarias y garantizar su integridad estructural. Las salidas son las formas en las que nuestro mensaje se distrae o se diluye. Los mensajes estructuralmente sólidos pueden resistir los desafíos de nuestro entorno.

Rodeos

Sin importar de qué lado del espectro político te encuentres, los dos personajes políticos que destacamos en nuestro capítulo se comunican de manera similar: dicen las cosas sin rodeos. Sacar toda la basura habitual por la ventana y abrazar los mensajes directos los ha catapultado a las cimas más influyentes del poder político. Y esta misma estrategia ha llevado a marcas y líderes de distintas industrias a lo más alto de sus respectivos ámbitos.

La palabrería es un rodeo. El lenguaje o las palabras innecesariamente complicadas y los términos sin significados claros se convierten en oportunidades para que el receptor se desconecte y se vaya, como se muestra en la figura 8.1. Los votantes de nuestras historias anteriores vieron la retórica política oxidada en los otros candidatos y se desconectaron. A los visitantes de los sitios web que leen palabras extensas pero vacías como «revolucionario», «superior» o «responsable», se les nubla la mirada y vuelven a hacer clic en busca de algo más.

Abrir un diccionario de sinónimos para hacer un recorrido por palabras sin sentido dignas de *Scrabble* no logrará impresionar al receptor para que caiga en tus brazos. Agregar un montón de sílabas no significa que ganarás la batalla del ingenio y que, como vencedor, habrás ganado la compra, el voto, la donación o lo que sea que estabas esperando. En cambio, es mucho más probable que quedes como un tonto.

Investigadores de la Universidad de Princeton prepararon dos muestras de ensayos de solicitud de admisión a un programa de posgrado: un conjunto de control y otro en el que aumentaron la complejidad al reemplazar palabras por sinónimos más largos.[4] Luego, se les preguntó a los jueces si aceptarían al hipotético candidato y sobre cómo de seguros estaban de esa decisión. Y, por último, se les solicitó calificar el nivel de dificultad del párrafo del texto.

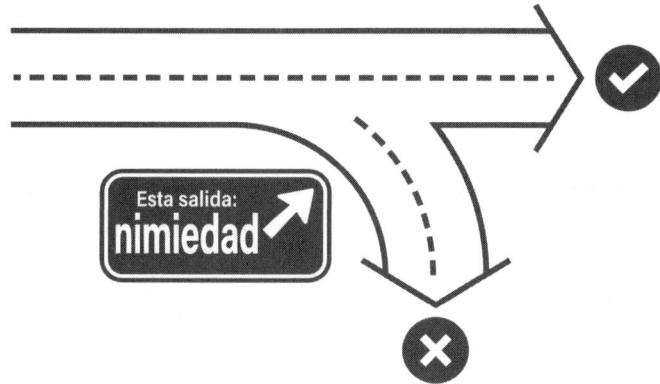

FIGURA 8.1. Evitar los rodeos en la comunicación

Los estudiantes más inteligentes poseen un vocabulario más amplio y son mejores aspirantes, ¿no? No, no es verdad. Cuanto más largas sean las palabras, más difícil será de leer y resultará menos probable que los jueces acepten al solicitante, como se observa en la figura 8.2. Los resultados fueron claros y, a diferencia de los ensayos densos, como ellos mismos explicaron: «Los textos sencillos recibieron calificaciones más altas que los textos de complejidad moderada, los cuales, a su vez, recibieron mejores calificaciones que los textos con un mayor grado de dificultad».

Cuando el mismo equipo realizó el experimento en sentido inverso, esta vez al simplificar un ensayo complejo y presentarlo con mayor claridad, los resultados fueron consistentes. Los jueces evaluaron con coherencia a los autores de obras más sencillas como las más inteligentes y aquellos cuyos ensayos eran más complejos como menos inteligentes. Incluso cuando colocaron en la prueba traducciones profesionales del filósofo francés del siglo XVII, René Descartes, los participantes tenían la misma opinión: el autor más simple era más inteligente y el complicado sonaba menos inteligente. Las palabras extensas son menos fluidas. Cuando algo es más difícil de leer, ver o entender, esa lucha se convierte en desconfianza y desagrado. Cuando usamos palabras complicadas para cubrir ideas pequeñas, aumentamos la fricción y repelemos a las personas a las que estamos tratando de llegar, y en ese proceso hacemos muy tentador el rodeo de la comunicación.

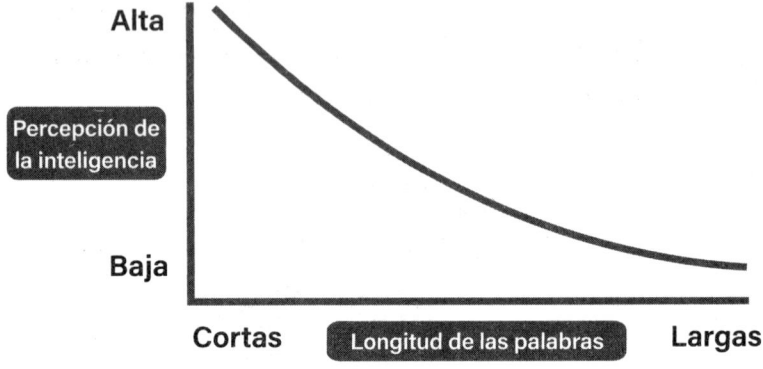

Figura 8.2. La relación entre la longitud de las palabras y la percepción de la inteligencia

Integridad estructural

La comunicación funciona solo cuando se utiliza un lenguaje que cumple con los siguientes criterios básicos:

- El emisor lo entiende.
- El receptor lo entiende.

Si ambos extremos de la ecuación comprenden el lenguaje que compone tu mensaje, entonces vas por buen camino. Si no lo hacen, entonces habrás fallado desde el principio. No importa cómo de bien hayas elaborado tu anuncio, si está en italiano o si su diálogo salió de un diccionario médico, no lo entendería. Si está lleno de tecnicismos, palabras especializadas de la industria, o de acrónimos, como se aprecia en la figura 8.3, ya me he perdido. Cuando un mensaje no logra pasar esta prueba y no tiene integridad estructural, se derrumba.

El desafío es que, para la mayoría, la comunicación no tiene que basarse en jerga científica o en una lengua extranjera para ser incomprensible. De acuerdo con el Departamento de Educación de Estados Unidos, el 21 % de los adultos estadounidenses apenas puede leer o son analfabetos funcionales, y cuando hacemos comparaciones internacionales, docenas de naciones nos superan en cifras de alfabetismo. En particular, existe una historia de inequidad que ha perjudicado desproporcionadamente a las poblaciones minoritarias en este indicador.[5] Como un asunto de moral y de políticas públicas, podemos y debemos hacerlo mejor.

Figura 8.3. Saturar con tecnicismos afectará la integridad estructural de tu mensaje

Pero tenemos que jugar con la baraja que nos tocó. Debemos enfrentarnos al hecho de que los costes subirán por cada palabra de diez dólares que usemos. Puedes quebrantar los límites y la gente tomará algunas palabras de aquí y allá a partir de ciertas pistas que obtengan del contexto, pero si vas demasiado lejos, caerás por el precipicio de la incomprensión lectora.

Cuando Boomerang, una aplicación de correo electrónico, analizó millones de conversaciones, descubrió que los correos electrónicos escritos a nivel universitario tenían, por una gran diferencia, el peor índice de respuesta.[6] ¿Cuáles tenían la mejor tasa de respuesta? Los correos escritos por niños de tercero de primaria. ¿Qué tipo de discurso tiene este capítulo? Un nivel de cuarto de primaria.

El lenguaje cambia y se enriquece con el tiempo, y la velocidad de sus cambios se acelera cada año a medida que más y más personas nos conectamos e intercambiamos ideas en una escala global. Recientemente, el Diccionario Oxford de Inglés agregó o actualizó alrededor de mil quinientas palabras —lo que equivale a una nueva definición por cada veintinueve minutos—.[7] El terreno continúa cambiando y debemos asegurarnos de que estamos construyendo un mensaje accesible, sobre bases sólidas para que funcione.

Los sistemas complejos fallan porque tienen múltiples puntos en los que pueden ocurrir errores, y los mensajes complejos se desmoronan por el mismo motivo. El premio Nobel Daniel Kahneman y su colaborador de toda la vida Amos Tversky lo explican:

> Un sistema complejo, como un reactor nuclear o el cuerpo humano, fallará si cualquiera de sus elementos esenciales falla. Incluso cuando la probabilidad de fallo de cada componente sea mínima, la probabilidad de un fallo general puede ser alta si muchos de ellos están involucrados.[8]

Cada elemento adicional en un mensaje es otra fuente de posibles errores, o al menos otro punto de fricción. No hagas que tu receptor agote su mente en ello, porque no lo hará.

Cuando el famoso físico Stephen Hawking escribió su exitoso libro *Breve historia del tiempo*, su editor le advirtió que cada ecuación incluida en el texto reduciría las ventas a la mitad.[9] El autor, a pesar de abordar la «comprensión completa del universo», se limitó a colocar en el texto una sola ecuación, $e = mc^2$. Si él puede explicar el big bang y los agujeros negros con un mínimo de tecnicismos, tú también puedes eliminar la complejidad en tus textos.

Ejemplos de mensajes mínimos y no mínimos

«Come comida. Sobre todo plantas. No muchas»
  Michael Pollan

«Sigue un patrón de alimentación saludable a lo largo de tu vida»
  Departamento de Salud y Servicios Humanos de Estados Unidos

«Denme libertad o muerte»
  Patrick Henry

«Diríjanse al rey y a las dos Cámaras del Parlamento. Que sus representaciones sean decentes y firmes, dirigidas principalmente a obtener una Constitución americana sólida; que podamos aceptar con seguridad y que Gran Bretaña pueda conceder con dignidad»
  Samuel Seabury

«Los labios sueltos hunden barcos»
  Consejo de Publicidad de Guerra

«No discutan los movimientos de tropas, la salida de los barcos, el equipo de guerra»
  Oficina de Información de Guerra de Estados Unidos

Llegar a lo mínimo

Desarrollar mensajes breves requiere que consideremos, en primer lugar, los principios fundamentales, aquellos que Aristóteles denominó el fundamento desde que algo es conocido.[10] Si desarticulamos lo que queremos decir en sus componentes básicos, podremos construir un mensaje que contenga los puntos necesarios, dejando fuera los elementos distractores que no sirven en nuestra misión. Comenzaremos analizando los componentes de posicionamiento, luego examinaremos el lenguaje que utilizaremos para expresarlo y, por último, terminaremos considerando qué opina el mundo de nuestro mensaje.

Responde el «¿por qué?»

A las personas les gusta tener razones para hacer las cosas que hacen. Incluso cuando sus decisiones son irracionales o emocionales, les gusta pensar que poseen una razón lógica por la que compran lo que compran, votan por quien votan y donan a quien quieren donar.

Entonces, dales esa razón.

El regalo más valioso que puedes dar a tu público es una razón para elegirte, y que ese motivo se lo puedan repetir a sí mismos y a los demás. Los tranquilizarás si les proporcionas una respuesta fácil para cuando alguien los cuestione. Les da algo útil.

¿Por qué votaste por Trump? Bueno, iba a hacer que Estados Unidos vuelva a ser grande. ¿Por qué votaste por Obama? Era un cambio en el que podíamos creer.

¿Por qué comencé a usar hilo dental? Porque mi dentista dijo que tienes que utilizar hilo dental en los dientes que quieras conservar. ¿Por qué te gusta ir de vacaciones a Disney World? Porque es el lugar más feliz de la Tierra.

Facilita que alguien se sienta bien por preferirte, y las demás personas se sentirán mejor al elegirte.

En el marketing de marca, el arte de encontrar esta respuesta se llama posicionamiento, y puedes comenzar a encontrar el tuyo respondiendo a tres preguntas básicas:

- ¿Para quién es tu producto o servicio?
- ¿Qué problema tienen las personas que puedes resolver?
- ¿Por qué tu producto o servicio es el mejor en comparación con todos los demás para resolver ese problema?

Como todo lo demás aquí, estas preguntas parecen sencillas, pero las respuestas son difíciles. Los consultores de marca ganan mucho dinero haciendo estas preguntas a las organizaciones todos los días, y te sorprendería saber cuántas personas no pueden responderlas sobre sí mismos y sus negocios. No puedes ser para todo el mundo. No puedes resolver todos los problemas. Y no puedes ser el mejor en todo.

Respondiendo a estas breves preguntas defines dónde estás posicionado en el mercado y, por lo tanto, dónde te ubicas en la mente del receptor. Este cimiento te mantiene enfocado y en el camino correcto.

Comienza desde abajo

Si quieres hablar y que te escuchen, una de las mejores maneras de lograrlo es colocándote dentro de una caja. Trata de decir tu idea seleccionando tus palabras únicamente de entre las diez cien más usadas. Cuando lo intentes y funcione, entenderás cómo explicar lo que quieres decir de una manera más sencilla. Después de dominarlo, podrás agregar las palabras más difíciles.

¿Qué diablos quise decir con «diez cien palabras»? Bueno, diez cien son mil, el factor limitante del párrafo anterior. Si ese pasaje te parece un poco extraño, es porque lo escribí con algunas de las más de mil palabras que se utilizan con más frecuencia en el inglés. Cuando lo estaba escribiendo, quería usar muchas palabras que tuvieran banderas rojas: «límite», «dominar» y «complicado» no entraron en la selección.

Randall Munroe, el creador del popular y duradero webcómic *xkcd*, escribió un libro entero de esta manera, titulado *El explicador de cosas: cosas difíciles explicadas con palabras fáciles*. Con la limitante de valerse solo de las mil palabras más comunes en inglés,

Munroe explica, de manera humorística pero concreta, todo tipo de temas técnicos, desde cámaras y microondas hasta bombas atómicas, o, para explicarlo a su modo, «aparatitos para sacar fotos», «cajas de radio que calientan comida» y «máquinas para incendiar ciudades».[11] El científico Peter Gleick, en su reseña sobre el libro, además de elogiar el proyecto, escribió: «Hay una página sobre el color de la luz que es una de las mejores explicaciones que yo haya leído sobre esta idea tan compleja. Mis profesores de la escuela podrían haber aprendido un par de cosas sobre la enseñanza con esto».

Resulta que esas mil palabras conforman el 75 % de todo el inglés escrito, un idioma con más de ciento setenta mil.[12] Si crees que esa proporción es inusual, nuestro uso está aún más sesgado: las cien palabras más empleadas conforman el 50 % del idioma, y las diez palabras principales (*the, be, to, of, and, a, in, that, have, I*) constituyen el 25 % de nuestro idioma tal como se utiliza. En el inglés y en todos los demás idiomas se sigue un patrón llamado la ley de Zipf, que establece que la frecuencia de una palabra es inversamente proporcional a su posición de acuerdo con su uso; la palabra más común en inglés (*the*) aparece cerca de una décima parte del tiempo de uso; la segunda palabra más común (*be*) aparece una vigésima parte del tiempo, y así sucesivamente.

El cálculo no importa mucho para nuestros propósitos, pero la conclusión sí: puedes cubrir mayor terreno usando solo las palabras más populares. Y construirás un mensaje mucho más sólido al hacerlo.

Comienza con el lenguaje más sencillo posible y continúa desde ahí. No recurras a palabras extensas a menos que sea absolutamente necesario, ya que tendrán más impacto cuando las emplees con moderación. Pero cuando tengas dudas, ten en cuenta que la claridad supera el ingenio.

Recorta lo innecesario

Alrededor de la mitad de los consejos sobre escritura se reducen a la misma idea: elimina toda la basura innecesaria.

En su ensayo atemporal de 1946, George Orwell propuso seis reglas para la escritura, tres de las cuales eran: «Nunca uses una palabra larga cuando baste con una corta», «Si es posible eliminar una palabra, siempre quítala» y «Nunca uses una frase extranjera, una palabra científica o un tecnicismo si puedes pensar su equivalente en inglés cotidiano».[13]

Otro pasaje sobre escritura citado con frecuencia proviene de *Los elementos del estilo*, de William Strunk Jr. y E. B. White, que comienza con el título «Omite palabras innecesarias»:

> La escritura vigorosa es concisa. Una oración no debe contener palabras innecesarias, un párrafo no debe contener oraciones innecesarias, por la misma razón que un dibujo no debe tener líneas innecesarias y una máquina no debe tener piezas innecesarias. Esto no requiere que el escritor haga todas sus oraciones cortas, o que evite todos los detalles y trate sus temas solo de manera esquemática, sino que cada palabra cuente.[14]

Estas «palabras innecesarias» son el sustento para nuestro filtro mental de spam, son las salidas.

Cuando los dólares y los centavos entran en juego, la gente lo entiende. La próxima vez que intentes hacer una compra en línea, echa un vistazo a la página. Todos los botones que podrían alejarte de la caja registradora virtual desaparecen. No puedes regresar a la página de inicio, al blog o a la sección de categorías. Todo lo que puedes hacer, a menos de que salgas de allí haciendo clic hacia atrás o cerrando tu navegador, es poner tu número de tarjeta y concretar la compra. Cada píxel en esa página cumple con su objetivo. La comunicación efectiva hace lo mismo.

Benjamin Dreyer, como jefe de redacción en Random House, ha leído y editado más palabras que casi cualquier otra persona viva.

En su libro, *Dreyer's English*, dedica un capítulo entero a lo que él llama recortables, es decir, palabras redundantes que casi siempre se pueden eliminar en cuanto aparecen. Aquí tienes una muestra de estas palabras recortables en cursivas:

- Añadido *extra*
- *Situación de* crisis
- Novela *de ficción*
- Planificar *por adelantado*
- Misterio *sin resolver* [15]

En mi experiencia como mercadólogo, puedo añadir una palabra muy importante: *ayuda*. El nuevo limpiador facial no te ayuda a que parezcas más joven; hace que te vean más joven. La aplicación para anotar tus tareas pendientes no te ayuda a ser más productivo; te hace más productivo. Las personas no quieren productos que les ayuden, quieren productos que funcionen. Deja de dudar y tu oferta será mucho más clara. (Solo prepárate para defenderte cuando tus abogados intenten hacer lo opuesto).

Gran parte de lo que decimos y escribimos se centra en alcanzar una meta determinada como mínimo: cumplir con un recuento de palabras, llenar una columna o añadir un título a nuestra foto. En esa búsqueda, recurrimos a todo tipo de palabras innecesarias. Pero cuando cambiamos el guion y conscientemente luchamos contra del deseo de «más», terminamos con mensajes mejores y más enérgicos. Los investigadores de funcionabilidad han descubierto que la escritura concisa puede mejorar la eficacia de nuestros mensajes hasta en un 58 %.[16] La mejora más significativa que puedes hacer a tu comunicación es recortar todo exceso.

No obstante, la comunicación minimalista no consiste en eliminarlo todo y reducir tu mensaje al menor número de palabras posible. Pero sí nos obliga a entender el núcleo del intercambio de *suma cero*: todo lo que añadimos significa que todo lo demás es menos importante. Cada palabra debe ganarse su sitio.

Si no hay silencio, no puede haber ruido. Necesitamos eliminar el ruido para que la señal destaque. Y si no lo hacemos, corremos el riesgo de obtener una respuesta como la del trillado meme de la figura 8.4.

Hablar a una persona, no a una multitud

Cada mensaje es de persona a persona. No importa si un político está en el escenario en un mitin hablando con cinco mil personas o si un anuncio de la Super Bowl se está transmitiendo a cien millones. El nivel en el que realmente te estás conectando es desde un único emisor a un único receptor.

Hablar a una multitud no funciona porque las multitudes no existen. Aunque podemos actuar en grupos y hemos construido estructuras y comunidades que nos han permitido hacer cosas colectivamente, las cuales no podemos hacer solos, seguimos viviendo solos con nuestros pensamientos. Cada producto que has comprado y cada voto que has emitido ha sido el resultado del mensaje que recibiste y procesaste de manera individual y que te llevó a tomar esa decisión.

Figura 8.4. No voy a leer todo eso
Fuente: Cuenta de X: @nocontextdms, autor de la ilustración

Esta realidad es la razón por la que los mensajes que se dirigen a una noción vaga y sin rostro de un grupo amplio no funcionan. Los anuncios que se dirigen a nosotros como «lectores», «neoyorquinos», «dueños de gatos», o peor aún, como «algunos de ustedes», pueden pasar totalmente desapercibidos.

El receptor nunca es «algunos de ustedes», simplemente eres «tú». Puedo ser parte de un grupo, pero no soy el grupo.

Influencers de una gran variedad de plataformas han descubierto que las publicaciones en redes sociales que comienzan con saludos generales como «Gente», «Hola, chicos» o «Todos» son consideradas como más planas y menos íntimas que el contenido que es más directo y personal. En muchos de los mejores tiktoks parece que uno de tus mejores amigos te estuviera haciendo una videollamada de FaceTime, y algunas de las publicaciones más virales de la plataforma X parecen un mensaje de texto. Como habrás notado en tu propia bandeja de entrada, los correos electrónicos con asuntos personales tienen un 26 % más de posibilidades de ser leídos que los correos que son informativos.[17]

Las agencias de marketing con grandes presupuestos desarrollarán herramientas para la práctica llamada personas, que son clientes ficticios ideales con perfiles biográficos completos escritos en diapositivas. Eso es genial si puedes hacerlo, pero puedes llegar a la mitad del camino de manera mucho más rápida y económica. Imprime una foto tuya y ponla en tu escritorio, incluso coge un pósit, dibuja un pequeño muñeco y pégalo en tu monitor. Observa esas imágenes. A esa persona te diriges, a esa persona le estás hablando. Nos comunicamos con individuos, no con masas.

Piensa de forma visual

Casi la mitad de nuestro cerebro está dedicado, de alguna manera, a procesar lo que se percibe a través de nuestros ojos.[18] La mayoría de nuestra comunicación —ya sea en un sitio web, en las publicaciones en redes sociales, en un anuncio impreso, en los correos electrónicos, en los mensajes de texto, o hasta en un memorando— es visual, incluso si lo que estás viendo solo son palabras. Limpiar la apariencia de tu mensaje, palabra por palabra, es una parte vital (y a menudo ignorada) para transmitir tus ideas.

Con herramientas especializadas con sensores y cámaras precisas, o incluso con la webcam integrada al portátil o a un teléfono inteligente, diseñadores e investigadores han podido rastrear hacia dónde se dirige nuestra mirada y cómo utilizamos los sitios web y las aplicaciones.[19] Los resultados son semejantes: no leemos realmente la mayoría de las cosas que se nos muestran en pantalla.

De este modo, así es como, en general, consumimos información en una pantalla:

- Comenzamos en la parte superior izquierda y nos desplazamos hacia abajo, escaneamos la pantalla de izquierda a derecha, primero en la parte superior y luego más abajo, moviéndonos en la forma de la letra F (en idiomas de derecha a izquierda, como el árabe o el hebreo, se invierte el efecto).
- Saltamos a palabras y secciones que destacan visualmente, como enlaces, secciones en negrita, y listas de frases y puntos clave (como esta).
- Buscamos palabras relevantes, o al menos aquellas que aparentan serlo, para la tarea que nos ocupa, como direcciones, números de teléfono o precios.
- Saltamos a titulares y subtítulos en busca de lo que nos resulta interesante, lo que los investigadores llaman el patrón de *The Layer-Cake* (pastel de capas).

Solo cuando estamos muy motivados cambiamos lo que se debería considerar el modo por defecto: leemos la totalidad del texto de la página de arriba hacia abajo. Sin embargo, estamos tan inundados por la avalancha de información que se nos arroja encima cada día que estamos habituados a ser personas que escanean, como se muestra en la figura 8.5.

Los periodistas políticos de larga trayectoria Jim VandeHei, Mike Allen y Roy Schwartz construyeron una gran empresa del periodismo sobre esta misma idea. Axios, nombrada así por la palabra griega que significa «digno», vio la luz en 2017 para ser una «mezcla entre *The Economist* y Twitter», condensando las últimas noticias y análisis en pequeños bocados en la web a través de sus populares boletines diarios. Casi todos los artículos de Axios son brevísimos, desglosados por capas, con titulares y puntos clave claros, aprovechando nuestros patrones modernos de consumo de medios. El concepto les ha funcionado hasta ahora, ya que la empresa ha atraído a más de un millón de suscriptores por correo electrónico y acaba de venderse por más de quinientos millones de dólares.[20]

FIGURA 8.5. Leemos escaneando

Estos diseños que escaneamos con soltura hacen uso de lo que los diseñadores llaman jerarquía. A través de la tipografía, el color, el tamaño y la ubicación, es decir, una disposición de los elementos con jerarquía visual efectiva te señala de inmediato hacia dónde debes centrar tu atención. El texto en negrita es más llamativo que el elaborado con tipografía light, con rasgos mucho más delgados. Los colores brillantes captan más rápido nuestra atención que los tonos más oscuros y fríos. Los elementos más grandes o con más espacio a su alrededor destacan sobre los más pequeños. Y los elementos situados en la parte superior de la disposición gráfica atraerán nuestra atención antes que los ubicados más abajo. Si ajustamos estos elementos, podemos dirigir la atención hacia las partes de nuestro mensaje que queremos en el orden que deseamos: lee este titular primero; luego este subtítulo; por último, este texto principal.

En este capítulo hemos mencionado algunas metáforas del transporte y de la ingeniería por algo. En términos de transmitir tu mensaje de forma visual, es difícil encontrar elementos de comunicación más sencillos que las señales que se hallan en los 258.000 kilómetros de carreteras en Estados Unidos.

Cuando circulas por la autopista a 113 kilómetros por hora, estás avanzando a más de 30 metros por segundo, por lo que es vital que cualquier mensaje sobre direcciones, condiciones de la carretera u otras regulaciones llegue a los conductores rápido y claro. Justo en la primera página de la biblia de la Administración Federal de Carreteras para señales de tráfico, conocida en los países de habla hispana como el *Manual sobre dispositivos uniformes de control de tráfico* (una lectura emocionante), se encuentran cinco pautas para hacer justo eso.[21]

Para ser eficaz, un dispositivo de control del tráfico debe cumplir con cinco requisitos básicos:

- Satisfacer una necesidad.
- Llamar la atención.
- Transmitir un significado claro y sencillo.
- Inspirar respeto entre los usuarios de las carreteras.
- Dar tiempo suficiente para una respuesta adecuada.

Este es un momento propicio para finalizar este capítulo, con reglas claras para diseñar y comunicarse en alta velocidad. No hay espacio para palabras innecesarias cuando tu salida se acerca ya y el mundo ruidoso y exigente de hoy, por desgracia, se asemeja con más frecuencia a una autopista. Si queremos que nuestra audiencia llegue donde queremos que vaya, todos podríamos tomar estos principios como los más útiles consejos. Diseña en consecuencia.

Actividad

- Si cada palabra te costara 9,5 euros, ¿cuántas podrías quitar de tu mensaje? ¿Y si costaran 935 euros?
- Si tuvieras que extraer lo más importante de tu mensaje, como si fuera una señal de tráfico, ¿cómo sería?
- ¿Se puede entender tu mensaje por teléfono? ¿Puede entenderse en un bar abarrotado?
- ¿El receptor necesita algún conocimiento previo para entender tu mensaje? ¿Todos tus receptores tienen ese conocimiento?
- Juega *Jenga* con tu mensaje. ¿Cuántas piezas crees que puedes quitar antes de que se derrumbe?

Conclusión

Todo debería hacerse tan sencillo como sea posible, pero no demasiado sencillo.

ALBERT EINSTEIN

En los Estados Unidos de la posguerra de los años 50, que se vivía una modernización acelerada, reinaba la comodidad. Productos milagrosos prometían abrir las puertas a las maravillas del mundo moderno, y los futuristas pronosticaban que pronto «la gente vivirá en casas tan automatizadas que, en el futuro, los botones serían reemplazados por controles remotos e incluso de voz».[1]

Las mentes brillantes de General Mills sacaron al mercado un producto que prometía ser uno de esos milagros: una mezcla de pastel instantáneo. Abrías la caja, vertías el polvo en un tazón y añadías el agua. Un par de mezclas seguidas por unos minutos en un horno caliente y, transcurridos estos, tenías un hermoso pastel «casero».

Pero resulta que a las amas de casa no les gustó el resultado.

La mezcla del pastel instantáneo de Betty Crocker era demasiado sencilla de preparar. Después de estar acostumbradas a hornear con esmero sus postres desde cero, tenían la sensación de que estaban haciendo trampa al abrir una caja y solo añadir agua. Con la mezcla quedaban pasteles perfectos y se llegaba a recibir muchos elogios, pero que luego se convertían en sentimientos de culpa.

Las panaderas no hicieron ese pastel. La industria lo hizo.

Cuando la compañía intentó arreglar este impedimento, descubrieron una solución contraintuitiva: hacerlo más complicado. En lugar de incluir un huevo en forma de polvo, le indicaron a las panaderas que rompieran y agregaron su propio huevo. Así agregaron un paso.

Si utilizar solo agua es hacer trampa, añadir un huevo significaba cocinar. Agregar ese pequeño trabajo modificó por completo la visión de los clientes, el producto y su relación con ambos. El orgullo que los invadía es un ejemplo de un fenómeno conocido como heurística instrumental.

A lo largo de este libro, hemos visto cómo la sencillez y la fluidez hacen que las cosas se tornen más fáciles y efectivas, y un cúmulo de evidencias lo respalda. Pero lo que nos dice la instrumentalidad es que cuando estamos persiguiendo, de manera activa, un objetivo, como hornear un pastel en el caso de General Mills, u obtener un doctorado después de escribir una tesis compleja, valoramos algo de más cuando implica más esfuerzo.[2] Cuando trabajamos más arduamente por algo que valoramos, al final, le concedemos más valor. Como dijo Theodore Roosevelt: «No vale la pena tener o hacer nada en el mundo, si no cuesta ningún esfuerzo, dolor y dificultad».

La sencillez es la forma con la que hacemos frente el ruido y la indiferencia. Pero la complicación, cuando se hace bien, puede tener un lugar en nuestra caja de herramientas. El secreto está en que lo complejo es una herramienta que solo funciona cuando estamos motivados. Solo funciona para acercarnos a algo que ya de por sí atesoramos. No debe empujar, solo atraer. Las investigadoras que fueron pioneras en la heurística instrumental, Aparna A. Labroo y Sara Kim, de la Universidad de Chicago, lo expusieron con claridad: «En toda la investigación previa, la facilidad del proceso aumentaba el gusto por un objeto, a diferencia de los estudios mostrados aquí, la dificultad de procesamiento aumentaba el gusto por un objeto pero siempre y cuando el objeto fuera un medio para alcanzar un objetivo».

Por desgracia, como mercadólogos, emprendedores, educadores, defensores o cualquier otra persona con un mensaje que necesita ser escuchado, no siempre hacemos uso de ese privilegio. Ahí es donde entran en juego las lecciones de los líderes, innovadores y científicos que aparecen en este libro.

La austera página de inicio de Google se ha mantenido casi igual desde que se subió en 1998. En ese tiempo, ha permanecido como una herramienta esencial, junto al correo electrónico y los calendarios, los documentos y las hojas de cálculo, los horarios de películas y los precios de las acciones. Al comenzar con esa simple caja de texto, podemos hacer lo que queramos.

La ejecutiva tecnológica Marissa Mayer, quien más tarde pasó a liderar Yahoo y otras compañías, empezó su carrera como la empleada número veinte en Google y pronto llegó al cargo de supervisora del diseño de interfaz del sitio. En 2005, cuando la compañía estaba a punto de convertirse en una superpotencia global, describió su desafío como «Google tiene la funcionalidad de una navaja suiza sumamente compleja, pero la página de inicio es nuestra manera de mantenerla cerrada. Es sencilla, es elegante, puedes meterla en tu bolsillo, solo que con el gran truco cuando lo necesitas. Muchos de nuestros competidores son como una navaja suiza desenfundada, y eso puede ser intimidante y algunas veces perjudicial».[3]

Intimidante y perjudicial. Queremos llegar a nuestros objetivos y nos gustan los productos, ideas y personas que nos ayudan a lograr eso, no aquellos que son intimidantes y perjudiciales. Ese es el resultado de lo complicado, y esa es la línea que no debemos cruzar.

La sencillez requiere certeza, o por lo menos determinación. Esto es esencial en muchas áreas de la vida y los negocios, pero es inaplicable en otros. La vida está hecha para ser una aventura llena de incertidumbre; nuestro destino no se ha escrito, y eso lo hace inmenso y misterioso. No podemos conocerlo todo, y no deberíamos saberlo todo, y la sencillez, ciertamente, no guarda todas las respuestas.

Pero hay algo inmenso que sí conocemos con certeza. Cumplir con los objetivos, conectar y ser verdaderamente escuchados es una de las mejores y más gratificantes características de ese destino incierto, desconocido e impredecible.

Las *startups*, como lo era Google en su momento, buscan llegar desesperadamente a un estado conocido como ajuste de producto-mercado. Ese es el momento en el cual lo que estás vendiendo es lo que los clientes quieren comprar, es el momento en el que todo cuadra. Prueban, reiteran, afinan, mejoran y se asoman debajo de cada piedra hasta llegar a ello. Este proceso es la parte más complicada de cimentar en un negocio. Pero cuando lo logras, todo cambia. Se sube a la cima.

La sencillez consiste en encontrar ese ajuste en tu mensaje.

¿Por qué algunos mensajes funcionan y otros no?

Empezamos este libro poniendo una duda sobre la mesa: «¿por qué algunos mensajes funcionan y otros no?», y lo terminamos aprendiendo a sortearla. En la primera parte del libro, identificamos los retos de nuestra crisis de comunicación: nuestra elasticidad cerebral y el mundo estridente que conformó dicho cerebro. Vimos el reto esencial de conectar, de manera efectiva, al emisor con el receptor, y luego acusamos al saboteador: lo complicado. Lo complicado, la complejidad artificiosamente creada, es egoísta, cobarde y peligroso, pero, por desgracia, es parte de nuestra naturaleza.

Sin embargo, la ciencia y la historia nos han dado las herramientas para triunfar en esta lucha: la sencillez.

Los mensajes útiles le dan prioridad al receptor. Los mensajes enfocados se centran en contar una sola historia. Los mensajes que se transmiten destacan en un mundo saturado. Los mensajes empáticos muestran cercanía. Los mensajes minimalistas están diseñados con esa intención. Usados en conjunto, los mensajes simples nos permiten informar, persuadir y conectar en un mundo que a menudo nos guía para ir en dirección contraria.

¿Qué sigue?

Hemos recorrido la historia de exploración espacial un par de veces en nuestro examen acerca de cómo conectar y llegar a ser sencillos, porque esto representa uno de los esfuerzos más complicados en el recorrido de nuestra especie. En ese gran legado, encontrarás el intento de comunicación más ambicioso de todos los tiempos: nuestro primer esfuerzo por llegar más allá de nuestro planeta. Grabado en un disco de 12 pulgadas de cobre bañado en oro, hay un mensaje que es, al mismo tiempo, la evidencia más lejana, rápida y duradera que la humanidad haya concebido.

A bordo de la nave espacial *Voyager 1* se encuentra el llamado Disco de Oro, una cápsula del tiempo que guarda datos de mensajes en una botella, la cual muestra sonidos e imágenes destinadas a retratar la variedad y la belleza de la vida en la Tierra.[4] En el disco hay grabaciones de Bach y Mozart, «Johnny B. Goode», de Chuck Berry, música folclórica azerbaiyana, ondas cerebrales humanas y canciones de ballenas jorobadas. Hay imágenes de los estudios de Isaac Newton, de Jane Goodall estudiando a los chimpancés, el Taj Mahal y una mujer comiendo uvas en el súper. En la portada hay un mapa interestelar para localizar a la Tierra y una muestra de uranio que se descompone lentamente, todo esto puede precisar de dónde proviene y cuánto tiempo tiene ese peculiar artefacto.

Después de su lanzamiento en 1977, el *Voyager 1* se desplazó alrededor de los planetas de nuestro sistema solar, capturando por vez primera los secretos de nuestros vecinos planetarios y terminó volando más allá de Saturno, hacia el espacio interestelar. Casi medio siglo después, de milagro, la nave sigue funcionando, enviando datos fidedignos desde casi ocho mil millones de kilómetros de distancia, todo mientras se aleja de nosotros a una velocidad impresionante, 61.493 kilómetros por hora.

Esta nave espacial es el objeto más distante que hemos lanzado al espacio y la distancia más lejana a la que ha llegado nuestra especie. Además, millones de años después de que el Sol muera y engulla a la Tierra en una gran bola de fuego, permanecerá intacto más tiempo que cualquier otra cosa que hayamos creado. Carl Sagan, el astrónomo responsable del Disco de Oro que está a un costado del *Voyager*, lo describió como «destinado a deambular para siempre en el gran océano estelar».

Ese disco en sí mismo pasa nuestra prueba de sencillez. Es útil, un flotador en el océano galáctico que le muestra al receptor que no está solo. Está enfocado, diseñado como una cápsula del tiempo para rememorar la vida que hay en la Tierra. Es saliente, impreso en un disco brillante en medio de la oscuridad espacial. Es empático, se encuentra etiquetado con instrucciones universales que solo requieren visión y matemáticas. Y es minimalista, un paquete único que condensa y destila toda la experiencia de un planeta.

Si tenemos suerte, quizá dentro de miles o millones de años en el futuro, una nave extraterrestre se topará con ese artefacto que proviene de nuestro pequeño planeta azul. Al colocarlo en un tocadiscos, el explorador extraterrestre de nuestro disco escuchará primero un saludo en uno de los idiomas más antiguos de nuestra humanidad, el sumerio, ⊖ 𒀭 𒌋𒁍 ⊦ 𒈾, que, al ser traducido, revela un mensaje sencillo: «Que todo esté bien».

A través de un inconmensurable y vasto espacio-tiempo, el primer mensaje de nuestro planeta a otro guarda una idea simple: nuestra preocupación por el receptor.

Como parte de nuestra propia vida aquí en la Tierra, debemos seguir ese ejemplo. La sencillez es un acto minucioso y es la manera en la que podemos avanzar.

Agradecimientos

Nunca me he engañado con la idea de que cualquier cosa que hecho se deba únicamente a mi propio ingenio. Agradezco al universo entero de personas e instituciones que me han ayudado a ser quien soy hoy en día y que, en última instancia, son quienes han hecho este libro posible.

El equipo de Berrett-Koehler, todos ellos, han sido compañeros increíbles a lo largo de este proceso, incluyendo a Neal Maillet, Jeevan Sivasubramaniam, Ashley Ingram, David Marshall, Sarah Nelson y Katelyn Keating, entre otros.

Agradezco, además, a Harvey Klinger y a su equipo por enriquecerme, guiarme y representarme en cada paso del camino.

No tendría las suficientes experiencias para plasmar en este libro si no fuera por mis antiguos colegas y amigos de Digital Natives Group. Tuvimos a muchas personas geniales en nuestro equipo a lo largo de los años; sin embargo, sería muy descuidado si no mencionara a mis colaboradores de toda la vida Vladimir Lackovic, Jonathan Jacobs, John Botte, Ellie Eckert, Bryan Trindade, Weston Gardner y Thaiyeba Jalil.

También agradezco a las legiones de clientes y socios con los que he trabajado a lo largo de nuestros diez años, en particular a aquellos que me han apoyado para ser mentor en la escritura de este gran viaje: David Perlmutter, Michael Ventura, William Ury y Michael Schein.

En el curso de los años he tenido todo tipo de credenciales que emite la Universidad de la ciudad de Nueva York: estudiante, alumno, empleado y profesor. Agradezco a aquellos que me enseñaron como estudiante y a aquellos a los que ahora tengo el placer de instruir, como educador en el Baruch College. CUNY es una familia, ya que mis padres y mi mujer también son exalumnos y, como neoyorquino, puedo decir que estoy orgulloso de esta institución pública, única en su tipo.

Refiriéndome a mi familia, siempre estoy agradecido por el amor y el apoyo de mis padres, mi hermano, mi hermana, mis abuelos y mi familia entera, aquellos que aún están con nosotros y aquellos que ya no. Los quiero a todos.

Y, por último, le debo todo a mi increíble mujer Stephania, quien es, por mucho, la persona más hermosa y entrañable que he conocido. Gracias.

Notas

INTRODUCCIÓN
¿POR QUÉ SIMPLIFICAR?

[1] John Koenig, «Sonder», *The Dictionary of Obscure Sorrows*, 22 de julio de 2012, https://dictionaryofobscuresorrows.com/post/23536922667/sonder.

[2] eMarketer, «Time Spent per Day with Digital versus Traditional Media in the United States from 2011 to 2023 (in Minutes)», *Statista*, 6 de junio de 2021, https://statista-com.remote.baruch.cuny.edu/statistics/565628/time-spent-digital-traditional-media-usa/.

1. NUESTRO ESTÚPIDO CEREBRO
EN NUESTRO MUNDO CONVULSIONADO

[1] Linda Rodriguez McRobbie, «Total Recall: The People Who Never Forget», *The Guardian*, 8 de febrero de 2017, https://theguardian.com/science/2017/feb/08/total-recall-the-people-who-never-forget.

[2] Daniel J. Simons y Christopher F. Chabris, «Gorillas in Our Midst: Sustained Inattentional Blindness for Dynamic Events», *Perception*, vol. 28, núm. 9 (septiembre de 1999): 1059-1074, https://doi.org/10.1068/p281059.

[3] Siri Carpenter, «Sights Unseen», *Monitor*, American Psychological Association, vol. 32, núm. 4, abril de 2001, https://apa.org/monitor/apr01/blindness.

[4] Jane Porter, «You're More Biased Than You Think», *Fast Company*, 6 de octubre de 2014, https://fastcompany.com/3036627/youre-more-biased-than-you-think.

[5] William James, *The Principles of Psychology* (Nueva York: Henry Holt and Company, 1890).

[6] Maurice Possley, «Lydell Grant», National Registry of Exonerations, 26 de enero de 2022, https://law.umich.edu/special/exoneration/Pages/casedetail.aspx?-caseid=5980.

[7] «Ronald Cotton», Innocence Project, 6 de agosto de 2019, innocenceproject.org/cases/ronald-cotton/; «Ryan Matthews», Innocence Project, 9 de agosto de 2019, innocenceproject.org/cases/ryan-matthews/; «DNA Exonerations in the United States

(1989-2020)», Innocence Project, 26 de agosto de 2020, https://innocenceproject. org/dna-exonerations-in-the-united-states/.

[8] Nelson Cowan, «Chapter 20 What Are the Differences between Long-Term, Short-Term, and Working Memory?», *Progress in Brain Research*, vol. 169 (marzo de 2008): 323-338, https://doi.org/10.1016/s0079-6123(07)00020-9.

[9] George A. Miller, «The Magical Number Seven, Plus or Minus Two: Some Limits on Our Capacity for Processing Information», *Psychological Review*, vol. 63, núm. 2 (1956): 81-97, https://doi.org/10.1037/h0043158.

[10] Nelson Cowan, «The Magical Number 4 in Short-Term Memory: A Reconsideration of Mental Storage Capacity», *Behavioral and Brain Sciences* 24, núm. 1 (febrero de 2001): 87-114, doi.org/10.1017/s0140525x01003922; Richard Schweickert y Brian Boruff, «Short-Term Memory Capacity: Magic Number or Magic Spell?», *Journal of Experimental Psychology: Learning, Memory, and Cognition*, vol. 12, núm. 3 (julio de 1986): 419-425, https://doi.org/10.1037/0278-7393.12.3.419.

[11] Hal Arkowitz y Scott O. Lilienfeld, «Why Science Tells Us Not to Rely on Eyewitness Accounts», *Scientific American*, 1 de enero de 2010, https://scientificame rican.com/article/do-the-eyes-have-it/.

[12] Leonid Rozenblit y Frank Keil, «The Misunderstood Limits of Folk Science: An Illusion of Explanatory Depth», *Cognitive Science*, vol. 26, núm. 5 (septiembre de 2002): 521-562. https://www.ncbi.nlm.nih.gov/pmc/articles/PMC3062901/.

[13] «Could You Win a Point off Serena Williams? Plus, Avoiding Hen/Stag Parties, and Being Naked Results», *YouGov*, 12 de julio de 2019, https://yougov.co.uk/ opi/surveys/results#/survey/344ce84b-a48d-11e9-8e40-79d1f09423a3/question/ 4d73bd62-a48f-11e9-aee6-6742cfe83f15/gender.

[14] SellCell.com, «How Much Time on Average Do You Spend on Your Phone on a Daily Basis?», *Statista*, 11 de febrero de 2021, https://statista-com.remote.baruch. cuny.edu/statistics/1224510/time-spent-per-day-on-smartphone-us/.

[15] eMarketer, «Time Spent per Day with Digital versus Traditional Media in the United States from 2011 to 2023 (in Minutes)», *Statista*, 6 de junio de 2021, https:// statista-com.remote.baruch.cuny.edu/statistics/565628/time-spent-digital-traditio nal-media-usa/.

[16] Ann Blair, «Information Overload's 2,300-Year-Old History», *Harvard Business Review*, 14 de marzo de 2011, https://hbr.org/2011/03/information-overloads-2300-yea.html.

[17] Donald A. Norman, *Emotional Design: Why We Love (or Hate) Everyday Things* (Nueva York: Basic Books, 2005).

[18] Peter Just, «Time and Leisure in the Elaboration of Culture», *Journal of Anthropological Research*, vol. 36, núm. 1 (1980): 105-115, https://jstor.org/stable/3629555; «How Many Emails Does the Average Person Receive per Day?», *Campaign Monitor*, 8 de diciembre de 2021, https://campaignmonitor.com/resources/knowledge-base/ how-many-emails-does-the-average-person-receive-per-day/; Artyom Dogtiev, «Push Notifications Statistics», *Business of Apps*, 16 de enero de 2023, https://businessofa pps.com/marketplace/push-notifications/research/push-notifications-statistics/.

[19] Philipp Lorenz-Spreen, Bjarke Mørch Mønsted, Philipp Hövel y Sune Lehmann, «Accelerating Dynamics of Collective Attention», *Nature Communications*, vol. 10, núm. 1 (15 de abril de 2019), https://doi.org/10.1038/s41467-019-09311-w.

[20] Jon Gitlin, «74% Of People Are Tired of Social Media Ads—but They're Effective», *SurveyMonkey*, 2022, https://surveymonkey.com/curiosity/74-of-peo ple-are-tired-of-social-media-ads-but-theyre-effective/; eMarketer, «Most Annoying Types of Digital Ads according to Internet Users in the United States as of July 2019», *Statista*, 23 de agosto de 2019, https://statista-com.remote.baruch.cuny.edu/statis tics/257972/most-annoying-types-of-online-ads-in-the-us/.

[21] Kara Pernice, «Banner Blindness Revisited: Users Dodge Ads on Mobile and Desktop», *Nielsen Norman Group*, 22 de abril de 2018, https://nngroup.com/arti cles/banner-blindness-old-and-new-findings/.

2. EN DEFENSA DE LA SENCILLEZ

[1] Elizabeth P. Derryberry, Jennifer N. Phillips, Graham E. Derryberry, Michael J. Blum, y David Luther, «Singing in a Silent Spring: Birds Respond to a Half-Century Soundscape Reversion during the COVID-19 Shutdown», *Science*, vol. 370, núm. 6516 (30 de septiembre de 2020): 575-579, https://doi.org/10.1126/science.abd5777.

[2] Adam L. Alter y Daniel M. Oppenheimer, «Predicting Short-Term Stock Fluctuations by Using Processing Fluency», *Proceedings of the National Academy of Sciences of the United States of America*, vol. 103, núm. 24 (2006): 9369-9372, https://jstor. org/stable/30051949.

[3] Simon M. Laham, Peter Koval, y Adam L. Alter, «The Name-Pronunciation Effect: Why People like Mr. Smith More than Mr. Colquhoun», *Journal of Experimental Social Psychology*, vol. 48, núm. 3 (mayo de 2012): 752-756, https://doi.or g/10.1016/j.jesp.2011.12.002.

[4] Rolf Reber, Piotr Winkielman, y Norbert Schwarz, «Effects of Perceptual Fluency on Affective Judgments», *Psychological Science*, vol. 9, núm. 1 (1998): 45-48, https://doi.org/10.1111/1467-9280.00008.

[5] Michael Ventura, *Applied Empathy: The New Language of Leadership* (Nueva York: Atria, 2018).

[6] Phil Gibbs, «What Is Occam's Razor?», Departamento de Matemáticas de la UC Riverside, 1997, https://math.ucr.edu/home/baez/physics/General/occam.html.

[7] Jura Koncius, «The Tidying Tide: Marie Kondo Effect Hits Sock Drawers and Consignment Stores», *Washington Post*, 15 de enero de 2019, https://washing tonpost.com/lifestyle/home/the-tidying-tide-marie-kondo-effect-hits-sock-drawers-and-consignment-stores/2019/01/10/234e0b62-1378-11e9-803c-4ef28312c8b9_story. html.

[8] Dieter Rams, «The Power of Good Design», Vitsoe, consultado el 13 de abril de 2023, https://vitsoe.com/us/about/good-design.

[9] Cyriaque Lamar, «The 22 Rules of Storytelling, according to Pixar», *Gizmodo*, 8 de junio de 2012, https://gizmodo.com/the-22-rules-of-storytelling-according-to-pixar-5916970.

[10] Daniel B. Schneider, «F.Y.I», *New York Times*, 22 de septiembre de 1996, https://nytimes.com/1996/09/22/nyregion/fyi-419478.html.

[11] Corey Kilgannon, «Decoding Parking-Sign Legalese», *New York Times*, 17 de enero de 1999, https://nytimes.com/1999/01/17/nyregion/neighborhood-re port-upper-east-side-decoding-parking-sign-legalese.html.

[12] «Time Media Kit», *Time*, 2023, https://time.com/mediakit/.

[13] Seb Joseph y Ronan Shields, «The Rundown: Google, Meta and Amazon Are on Track to Absorb More than 50% of All AD Money in 2022», *Digiday*, 7 de febrero de 2022, https://digiday.com/marketing/the-rundown-google-meta-and-amazon-are-on-track-to-absorb-more-than-50-of-all-ad-money-in-2022/.

[14] Garson O'Toole, «One-Half the Money I Spend for Advertising Is Wasted, but I Have Never Been Able to Decide Which Half», *Quote Investigator*, 30 de abril de 2022, https://quoteinvestigator.com/2022/04/11/advertising/.

[15] Madeline King y Daniel Alonso, «As the Pandemic Makes Life More Complex, People Crave Simpler Brands», *Siegel + Gale*, 15 de diciembre de 2021, https://sie gelgale.com/as-the-pandemic-makes-life-more-complex-people-crave-simpler-brands/.

[16] Cheri H. Ahern et al., *Youth Tobacco Surveillance—United States, 1998-1999* (Atlanta, GA: Centros para el Control y Prevención de Enfermedades, 13 de octubre de 2000), https://cdc.gov/mmwr/preview/mmwrhtml/ss4910a1.htm; «Tobacco Use among Children and Teens», *American Lung Association*, 17 de noviembre de 2022, https://lung.org/quit-smoking/smoking-facts/tobacco-use-among-children.

[17] Matthew C. Farrelly, Cheryl G. Healton, Kevin C. Davis, Peter Messeri, James C. Hersey, y M. Lyndon Haviland, «Getting to the Truth: Evaluating National Tobacco Countermarketing Campaigns», *American Journal of Public Health*, vol. 92, núm. 6 (junio de 2002): 901-907, https://doi.org/10.2105/ajph.92.6.901; «Youth and Tobacco Use», Centers for Disease Control and Prevention, 10 de noviembre de 2022, https://cdc.gov/tobacco/data_statistics/fact_sheets/youth_data/tobacco_use/index.htm.

3. EL CRIMEN DE LO COMPLICADO

[1] Oficina de Servicios Estratégicos de Estados Unidos, *Simple Sabotage Field Manual* (Washington, DC: Oficina de Servicios Estratégicos, 1944), https://guten berg.org/cache/epub/26184/pg26184-images.html.

[2] «Complexity Bias: Why We Prefer Complicated to Simple», Farnam Street, 6 de junio de 2020, https://fs.blog/complexity-bias/.

[3] Hilary H. Farris y Russell Revlin, «Sensible Reasoning in Two Tasks: Rule Discovery and Hypothesis Evaluation», *Memory & Cognition*, vol. 17, núm. 2 (marzo de 1989): 221-232, https://doi.org/10.3758/bf03197071.

[4] Leidy Klotz, *Subtract: The Untapped Science of Less* (Nueva York: Flatiron Books, 2021).

[5] «Terms of Service; Didn't Read», consultado el 13 de abril de 2023, https://tosdr.org/.

[6] «Visualizing the Length of the Fine Print, for 14 Popular Apps», *Business Insider*, 18 de abril de 2020, https://markets.businessinsider.com/news/stocks/ter ms-of-service-visualizing-the-length-of-internet-agreements-1029104238.

[7] George Orwell, «Politics and the English Language», Orwell Foundation, originalmente publicado en *Horizon* en abril de 1946, consultado el 13 de abril de 2023, https://orwellfoundation.com/the-orwell-foundation/orwell/essays-and-other-works/politics-and-the-english-language/.

[8] Hun-Tong Tan, Elaine Ying Wang, y G-Song Yoo, «Who Likes Jargon? The Joint Effect of Jargon Type and Industry Knowledge on Investors' Judgments», *Journal of Accounting and Economics*, vol. 67, núm. 2-3 (2019): 416-437, https://doi.org/10.1016/j.jacceco.2019.03.001.

[9] Lokman I. Meho, «The Rise and Rise of Citation Analysis», *Physics World* , vol. 20, núm. 1 (2007): 32-36, https://doi.org/10.1088/2058-7058/20/1/33.

[10] Adam Conner-Simons, «How Three MIT Students Fooled the World of Scientific Journals», *MIT News*, Massachusetts Institute of Technology, 14 de abril de 2015, https://news.mit.edu/2015/how-three-mit-students-fooled-scientific-journals-0414; Shelomi, Matan, «Opinion: Using Pokémon to Detect Scientific Misinformation», *Scientist*, 1 de noviembre de 2020, https://the-scientist.com/critic-at-large/opinion-using-pokmon-to-detect-scientific-misinformation-68098.

[11] John Scalzi, «Teching the Tech», *Whatever: Furiously Reasonable*, 13 de octubre de 2009, https://whatever.scalzi.com/2009/10/13/teching-the-tech/.

[12] Edward Tufte, «PowerPoint Does Rocket Science—and Better Techniques for Technical Reports», Edward Tufte Forum, 2006, https://edwardtufte.com/bboard/q-and-a-fetch-msg?msg_id=0001yB.

[13] Dale Wilson, «Failure to Communicate», *Flight Safety Foundation*, 20 de octubre de 2016, https://flightsafety.org/asw-article/failure-to-communicate/; Joint Commission International, *Communicating Clearly and Effectively to Patients: How to Overcome Common Communication Challenges in Health Care*, 2018, https://store.jointcommissioninternational.org/assets/3/7/jci-wp-communicating-clearly-final_(1).pdf.

[14] Tren Griffin, *Charlie Munger: The Complete Investor* (Nueva York: Columbia University Press, 2015), 52.

[15] Noel Tichy y Ram Charan, «Speed, Simplicity, Self-Confidence: An Interview with Jack Welch», *Harvard Business Review*, 3 de marzo de 2020, https://hbr.org/1989/09/speed-simplicity-self-confidence-an-interview-with-jack-welch.

[16] Byoung-Hyoun Hwang y Hugh Hoikwang Kim, «It Pays to Write Well», *Journal of Financial Economics*, vol. 124, núm. 2 (mayo de 2017): 373-394, https://doi.org/10.1016/j.jfineco.2017.01.006.

4. MENSAJES ÚTILES:
EL AGUJERO, NO EL TALADRO

[1] Paul Dickson, «Sputnik's Impact on America», PBS, 6 de noviembre de 2007, https://pbs.org/wgbh/nova/article/sputnik-impact-on-america/.

[2] Allie Hutchison, «50 Years Ago, One Speech Revolutionized the Space Age and Took Us to the Moon», *Inverse*, 12 de septiembre de 2022, https://inverse.com/science/50-years-ago-one-speech-revolutionized-the-space-age-took-us-to-the-moon.

[3] John F. Kennedy, «Address at Rice University on the Nation's Space Effort», 12 de septiembre de 1962, Rice University, transcripción y vídeo, Biblioteca JFK, https://jfklibrary.org/learn/about-jfk/historic-speeches/address-at-rice-university-on-the-nations-space-effort.

[4] Clayton M. Christensen, Scott Cook, y Taddy Hall, «What Customers Want from Your Products», *Working Knowledge*, Harvard Business School, 16 de enero de 2006, https://hbswk.hbs.edu/item/what-customers-want-from-your-products.

[5] American Heart Association, «How Much Sugar Is Too Much?», American Heart Association, 2 de junio de 2022, https://heart.org/en/healthy-living/heal thy-eating/eat-smart/sugar/how-much-sugar-is-too-much.

[6] Eleni Mantzari, James P. Reynolds, Susan A. Jebb, Gareth J. Hollands, Mark A. Pilling, y Theresa M. Marteau, «Public Support for Policies to Improve Population and Planetary Health: A Population-Based Online Experiment Assessing Impact of Communicating Evidence of Multiple versus Single Benefits», *Social Science & Medicine* 296 (marzo de 2022): 114726, https://doi.org/10.1016/j.socscimed.2022.114726.

[7] A. H. Maslow, «A Theory of Human Motivation», *Psychological Review*, vol. 50, núm. 4 (1943): 370-396, https://doi.org/10.1037/h0054346.

[8] «Black+Decker 20v Max* PowerConnect Cordless Drill/Driver + 30 pc. Kit (LD120VA)», Amazon, consultado el 16 de marzo de 2023, https://amazon.com/dec ker-ld120va-20-volt-lithium-accessories/dp/b006v6yapi?th=1#:–:text=product%20 description-,the,-black%2bdecker%2020v.

5. MENSAJES ENFOCADOS:
COMBATIR LA IDEA DEL FRANKENSTEIN

[1] Mary Shelley, *Frankenstein; or, the Modern Prometheus* (Londres, UK, 1818; Project Gutenberg, 2022), capítulo 5, https://gutenberg.org/cache/epub/84/pg84-ima ges.html.

[2] Jason M. Watson y David L. Strayer, «Supertaskers: Profiles in Extraordinary Multitasking Ability», *Psychonomic Bulletin & Review*, vol. 17, núm. 4 (agosto de 2010): 479-485, https://doi.org/10.3758/pbr.17.4.479.

[3] Brian Mullen, Craig Johnson, y Eduardo Salas, «Productivity Loss in Brainstor- ming Groups: A Meta-Analytic Integration», *Basic and Applied Social Psychology*, vol. 12, núm. 1 (marzo de 1991): 3-23, https://doi.org/10.1207/s15324834basp1201_1; To mas Chamorro-Premuzic, «Why Group Brainstorming Is a Waste of Time», *Harvard Business Review*, 25 de marzo de 2015, https://hbr.org/2015/03/why-group-brains torming-is-a-waste-of-time.

[4] David Ogilvy, *Ogilvy on Advertising* (Nueva York: Vintage Books, 1985).

[5] Bruce Springsteen, *Born to Run* (Nueva York: Simon & Schuster, 2016).

[6] Leidy Klotz, *Subtract: The Untapped Science of Less* (Nueva York: Flatiron Books, 2021).

[7] «Rumor Has It ... Office Politics Exist», Robert Half Talent Solutions, 29 de junio de 2016, https://press.roberthalf.com/2016-06-29-Rumor-Has-It-Office-Politics-Exist.

[8] Rory Sutherland, *Alchemy: The Dark Art and Curious Science of Creating Magic in Brands, Business, and Life* (Nueva York: HarperCollins, 2019).

[9] Neil Patel, «Your Secret Mental Weapon: 'Don't Let the Perfect Be the Enemy of the Good'», *Entrepreneur*, 31 de agosto de 2015, https://entrepreneur.com/living/your-secret-mental-weapon-dont-let-the-perfect-be-the/249676.

[10] «Origins and Construction of the Eiffel Tower», La Tour Eiffel Paris, consultado el 4 de enero de 2022, https://toureiffel.paris/en/the-monument/history.

6. MENSAJES DESTACADOS: LAS LIMITACIONES FOMENTAN LA CREATIVIDAD

[1] Trip Gabriel, «'Oh, Jane, See How Popular We Are'», *New York Times*, 3 de octubre de 1996, https://nytimes.com/1996/10/03/garden/oh-jane-see-how-popular-we-are.html.

[2] «Dr. Seuss: The Story Behind 'The Cat in the Hat'», Biography, 4 de junio de 2020, https://biography.com/news/story-behind-dr-seuss-cat-in-the-hat.

[3] «The Cat in the Hat», Dr. Seuss Wiki, 2 de febrero de 2023, https://seuss.fandom.com/wiki/The_Cat_in_the_Hat.

[4] Ellis Conklin, «Theodor Geisel, Dr. Seuss Doing in Dick and Jane», *United Press International*, 14 de septiembre de 1986, https://upi.com/Archives/1986/09/14/Theodor-Geisel-Dr-Seuss-Doing-in-Dick-and-Jane/6252527054400/.

[5] Bernard Marius 't Hart, Hannah Claudia Schmidt, Ingo Klein-Harmeyer, y Wolfgang Einhäuser, «Attention in Natural Scenes: Contrast Affects Rapid Visual Processing and Fixations Alike», *Philosophical Transactions of the Royal Society B: Biological Sciences*, vol. 368, núm. 1628 (19 de octubre 2013): 20130067, https://doi.org/10.1098/rstb.2013.0067; Douglas S. Brungart, «Informational and Energetic Masking Effects in the Perception of Two Simultaneous Talkers», *Journal of the Acoustical Society of America*, vol. 109, núm. 3 (marzo de 2001): 1101-1109, https://doi.org/10.1121/1.1345696.

[6] Rolf Reber, Piotr Winkielman, y Norbert Schwarz, «Effects of Perceptual Fluency on Affective Judgments», *Psychological Science*, vol. 9, núm. 1 (6 de mayo de 1998): 45-48, https://doi.org/10.1111/1467-9280.00008; Nathan Novemsky, Ravi Dhar, Norbert Schwarz, y Itamar Simonson, «Preference Fluency in Choice», *Journal of Marketing Research*, vol. 44, núm. 3 (16 de octubre de 2007): 347-356, https://doi.org/10.1509/jmkr.44.3.347.

[7] Henry Jaglom, *The Movie Business Book* (Nueva York: Simon & Schuster, 1992).

[8] Robert B. Cialdini, *Influence: The Psychology of Persuasion* (Nueva York: Collins, 2007).

[9] [Cicero], *Rhetorica ad Herennium*, libro IV, 47-69 (Cambridge, MA, 1954; University of Chicago, consultado el 13 de abril de 2023), https://penelope.uchicago.edu/Thayer/E/Roman/Texts/Rhetorica_ad_Herennium/4C*.html.

[10] Lassi A. Liikkanen, Tua A. Björklund, Matti M. Hämäläinen, y Mikko P. Koskinen, «Time Constraints in Design Idea Generation», (Ponencia, 17ª Conferencia Internacional sobre Diseño de Ingeniería, Palo Alto, CA., agosto de 2009).

[11] Elise Harris, «Pope Tells Priests to Keep Homilies Brief: 'No More Than 10 Minutes!'», *Catholic News Agency*, 7 de febrero de 2018, https://catholicnewsagency.com/news/37706/pope-tells-priests-to-keep-homilies-brief-no-more-than-10-minutes.

[12] Fatnick, «The Mysterious Legacy of the SNES Soundchip», *Fatnick Industries*, 19 de agosto de 2016, https://mechafatnick.co.uk/2016/08/19/the-mysterious-legacy-of-the-snes-soundchip/.

[13] Lorraine Boissoneault, «A Brief History of the GIF, from Early Internet Innovation to Ubiquitous Relic», *Smithsonian*, 2 de junio de 2017, https://smithsonianmag.com/history/brief-history-gif-early-internet-innovation-ubiquitous-relic-180963543/.

7. MENSAJES EMPÁTICOS: ACEPTA AL IDIOTA ILUMINADO

[1] Eytan Bakshy, Solomon Messing y Lada A. Adamic, «Exposure to Ideologically Diverse News and Opinion on Facebook», *Science*, vol. 348, núm. 6239 (mayo de 2015): 1130-1132, https://doi.org/10.1126/science.aaa1160.

[2] Cameron J. Bunker y Michael E. W. Varnum, «How Strong Is the Association between Social Media Use and False Consensus?», *Computers in Human Behavior* 125 (diciembre de 2021): 106947, https://doi.org/10.1016/j.chb.2021.106947.

[3] Lee Ross, David Greene y Pamela House, «The 'False Consensus Effect': An Egocentric Bias in Social Perception and Attribution Processes», *Journal of Experimental Social Psychology*, vol. 13, núm. 3 (mayo de 1977): 279-301, https://doi.org/10.1016/0022-1031(77)90049-x.

[4] Ross, Greene, y House, «The 'False Consensus Effect'».

[5] Roseanna Sommers y Vanessa K. Bohns, «The Voluntariness of Voluntary Consent: Consent Searches and the Psychology of Compliance», *Yale Law Journal*, vol. 128, núm. 7 (10 de abril de 2019): 1962-2033, https://ssrn.com/abstract=3369844.

[6] *Women in the Workplace 2021*, McKinsey & Company and Lean In, womenintheworkplace.com/2021; KiaraTaylor, «America's Top Black CEOS», *Investopedia*, 25 de junio de 2022, https://investopedia.com/top-black-ceos-5220330.

[7] «Glassdoor's Diversity and Inclusion Workplace Survey», *Glassdoor*, 29 de septiembre de 2020, https://glassdoor.com/blog/glassdoors-diversity-and-inclusion-workplace-survey/.

[8] Sylvia Ann Hewlett, Melinda Marshall y Laura Sherbin, «How Diversity Can Drive Innovation», *Harvard Business Review*, 1 de agosto de 2014, https://hbr.org/2013/12/how-diversity-can-drive-innovation.

[9] Gallup, «How Does Gallup Polling Work?», Gallup, 20 de octubre de 2014, https://news.gallup.com/poll/101872/how-does-gallup-polling-work.aspx.

[10] Paul Graham, «What I've Learned from Users», *Paul Graham* (blog), septiembre de 2022, https://paulgraham.com/users.html.

[11] Teresa M. Amabile y Mukti Khaire, «Creativity and the Role of the Leader», *Harvard Business Review*, octubre de 2008, https://hbr.org/2008/10/creativity-and-the-role-of-the-leader; Gino Cattani and Simone Ferriani, «How Outsiders Become Game

Changers», *Harvard Business Review*, 5 de agosto de 2021, https://hbr.org/2021/08/how-outsiders-become-game-changers.

[12] Tom Kelley, «The Ten Faces of Innovation», IDEO, octubre de 2005, https://ideo.com/post/the-ten-faces-of-innovation.

[13] Ellie Violet Bramley, «Desire Paths: The Illicit Trails That Defy the Urban Planners», *Guardian*, 5 de octubre de 2018, https://theguardian.com/cities/2018/oct/05/desire-paths-the-illicit-trails-that-defy-the-urban-planners.

[14] Richard Priday, «The Inside Story of the Great KFC Chicken Shortage of 2018», *Wired*, 21 de febrero de 2018, https://wired.co.uk/article/kfc-chicken-cri sis-shortage-supply-chain-logistics-experts.

[15] Seth Godin, «Talker's Block», *Seth's Blog*, 23 de septiembre de 2011, https://seths.blog/2011/09/talkers-block/.

8. MENSAJES MINIMALISTAS: HABLA CLARO Y SIN DECIR IDIOTECES

[1] Alexander Burns y Maggie Haberman, «Republican Hopefuls Jockey for 2016», *Politico*, 10 de agosto de 2012, https://politico.com/story/2012/08/republican-hope fuls-jockey-for-2016-079541.

[2] *Knock Down the House*, dirigida por Rachel Lears, 27 de enero de 2019, Netflix.

[3] Marie Kondo, «Konmari Is Not Minimalism», *KonMari*, consultado el 15 de febrero de 2023, https://konmari.com/konmari-is-not-minimalism/.

[4] Daniel M. Oppenheimer, «Consequences of Erudite Vernacular Utilized Irrespective of Necessity: Problems with Using Long Words Needlessly», *Applied Cognitive Psychology*, vol. 20, núm. 2 (marzo de 2006): 139-156, https://doi.org/10.1002/acp.1178.

[5] *Data Point: Adult Literacy in the United States* (Washington, DC: Departamento de Educación de Estados Unidos, julio de 2019); Saida Mamedova, Dinah Sparks, y Kathleen Mulveney Hoyer, *Adult Education Attainment and Assessment Scores: A Cross-National Comparison*, Centro Nacional de Estadísticas Educativas, Departamento de Educación de Estados Unidos, 19 de septiembre de 2017, https://nces.ed.gov/pubsearch/pubsinfo.asp?pubid=2018007; «Highlights of PIAAC 2017 U.S. Results», Centro Nacional de Estadísticas Educativas, 2017, https://nces.ed.gov/sur veys/piaac/national_results.asp.

[6] Alex Moore, «7 Tips for Getting More Responses to Your Emails (with Data!)», *Boomerang*, 12 de febrero de 2016, https://blog.boomerangapp.com/2016/02/7-tips-for-getting-more-responses-to-your-emails-with-data.

[7] «Updates to the OED», Oxford English Dictionary, diciembre de 2022, https://public.oed.com/updates.

[8] Amos Tversky y Daniel Kahneman, «Judgment under Uncertainty: Heuristics and Biases», *Science*, vol. 185, núm. 4157 (1974): 1124-1131, https://jstor.org/sta ble/1738360.

[9] Martin Gardner, «The Ultimate Turtle», *Nueva York Review*, 16 de junio de 1988, https://nybooks.com/articles/1988/06/16/the-ultimate-turtle/.

[10] James Clear, «First Principles: Elon Musk on the Power of Thinking for Yourself», James Clear (blog), consultado el 15 de febrero de 2023, https://jamesclear.com/first-principles.

[11] Randall Munroe, *Thing Explainer: Complicated Stuff in Simple Words* (Boston: Houghton Mifflin Harcourt, 2015).

[12] «What Can the Oxford English Corpus Tell Us about the English Language», Oxford Dictionaries, 12 de agosto de 2018, https://en.oxforddictionaries.com/explo re/what-can-corpustell-us-about-language (sitio no disponible).

[13] George Orwell, «Politics and the English Language», Orwell Foundation, originalmente publicado en *Horizon* en abril de 1946, consultado el 13 de abril de 2023, https://orwellfoundation.com/the-orwell-foundation/orwell/essays-and-other-wor ks/politics-and-the-english-language/.

[14] William Strunk y E. B. White, *The Elements of Style* (Nueva York: Macmillan, 1959), 23.

[15] Benjamin Dreyer, *Dreyer's English: An Utterly Correct Guide to Clarity and Style* (Nueva York: Random House, 2019), capítulo 12.

[16] Jakob Nielsen, «How Users Read on the Web», Nielsen Norman Group, 30 de septiembre de 1997, https://nngroup.com/articles/how-users-read-on-the-web/.

[17] «New Rules of Email Marketing», *Campaign Monitor*, consultado el 15 de febrero de 2023, https://campaignmonitor.com/resources/guides/email-marketing-new-rules/.

[18] «MIT Research - Brain Processing of Visual Information», *MIT News*, Instituto Tecnológico de Massachusetts, 19 de diciembre de 1996, https://news.mit.edu/1996/visualprocessing.

[19] Kara Pernice, «Text Scanning Patterns: Eyetracking Evidence», Nielsen Norman Group, 25 de agosto de 2019, https://nngroup.com/articles/text-scanning-pat terns-eyetracking/.

[20] Alex Shephard, «Axios and Donald Trump Are Made for Each Other», *New Republic*, 2 de mayo de 2017, https://newrepublic.com/article/142441/axios-do nald-trump-made; Benjamin Mullin, «Axios Agrees to Sell Itself to Cox Enterprises for $525 Million», *Nueva York Times*, 8 de agosto de 2022, https://nytimes.com/2022/08/08/business/media/axios-cox-enterprises.html.

[21] «2009 MUTCD with Revisions 1, 2, and 3 Incorporated, Dated July 2022 (PDF)», Manual de Dispositivos Uniformes para el Control del Tránsito, Administración Federal de Carreteras, Departamento de Transporte de Estados Unidos, julio de 2022, https://mutcd.fhwa.dot.gov/pdfs/2009r1r2r3/pdf_index.htm.

CONCLUSIÓN

[1] Matt Novak, «How Experts Think We'll Live in 2000 A.D. (1950)», Paleofuture, 28 de enero de 2008, https://paleofuture.com/blog/2008/1/28/how-experts-think-well-live-in-2000-ad-1950.html.

[2] Aparna A. Labroo y Sara Kim, «The 'Instrumentality' Heuristic», *Psychological Science*, vol. 20, núm. 1 (febrero de 2009): 127-134, https://doi.org/10.1111/j.1467-9280.2008.02264.x.

[3] Linda Tischler, «The Beauty of Simplicity», *Fast Company*, 1 de noviembre de 2005, https://fastcompany.com/56804/beauty-simplicity.

[4] «The Golden Record», Voyager, Laboratorio de Propulsión a Chorro, NASA, consultado el 15 de febrero de 2023, https://voyager.jpl.nasa.gov/golden-record.

«Para viajar lejos no hay mejor nave que un libro».

EMILY DICKINSON

Gracias por tu lectura de este libro.

En **penguinlibros.club** encontrarás las mejores
recomendaciones de lectura.

Únete a nuestra comunidad y viaja con nosotros.

penguinlibros.club